A ORIGEM DO AMOR

crônicas, contos e relatos poéticos

1ª EDIÇÃO: SÃO PAULO, 2017

A ORIGEM DO AMOR
crônicas, contos e relatos poéticos

FILIPE MOREAU

LARANJA ● ORIGINAL

SUMÁRIO

Memória em evidência ———————— 6
KRISHNAMURTI GÓES DOS ANJOS

Crônicas abstratas ————————— 12
Espécies de contos ————————— 48
Fragmentos da vida romanceada ——— 100

MEMÓRIA EM EVIDÊNCIA

A crônica é uma forma textual no estilo de narrativa que tem por base fatos que acontecem ou aconteceram em nosso cotidiano. É gênero que possui relação estreita com o tempo, expressa em sua etimologia, pois a palavra tem origem no termo Cronos, personificação do tempo, de acordo com a mitologia grega. O tempo infalível, inevitável, que independe de qualquer vontade e transcorre e muda sem que deuses ou humanos possam retê-lo. Como afirmou Platão, aquilo que se afigura como a imagem móvel da eternidade.

De caráter reflexivo e interpretativo, via de regra, parte de um assunto do cotidiano, um acontecimento qualquer para apresentar a perspectiva do autor, seu olhar particular, suas considerações sobre a narrativa que podem ser filosóficas, políticas, literárias etc. Jorge de Sá chama a atenção justamente para o ponto de partida da crônica no qual o narrador registra os fatos de tal maneira que mesmo os mais efêmeros ganham certa concretude ao possibilitar o estímulo da criação ficcional e poética do discurso. Machado de Assis entretanto já havia aprofundado o conceito do gênero ao escrever:

> Há um meio de começar a crônica por sua trivialidade. É dizer. Que calor! Diz-se isto agitando as pontas do lenço, bufando como um touro, ou simplesmente sacudindo a sobrecasaca. Resvala-se do calor aos fenômenos atmosféricos, fazendo-se algumas conjeturas acerca do sol e da lua, outras sobre a febre amarela, manda-se um suspiro a Petrópolis, e La glace est rompue [o gelo é quebrado], está começada a crônica.

O escritor Filipe Moreau nos apresenta neste seu novo livro de crônicas, contos e relatos poéticos, textos que ao lado dessas características supracitadas, trazem certo hibridismo que os aproxima da poesia e da ficção de caráter fortemente filosófico com pendores sócio-históricos que estimulam a fruição. Exemplo disso é a crônica "Pensamento político". Inicia-se com reflexões sobre as reais possibilidades de se levar "uma vida poética num país como o Brasil", e acaba por resvalar para o nosso sentir amoroso em sua concepção mais profunda

> Puderam ver o mar, o grande mar que se estende por essa faixa em que outrora habitavam os seres nativos, não tão exclusivamente, posto que o mar em si já transporta informações genéticas por todos os cantos. Assim mesmo, um simples banho resgata as peculiaridades transcendentes, purifica a alma, faz ver que o maior dos amores é interior aos seres, e que lá dentro habitam mutuamente ele e ela, dentro dela e dele. Enquanto caminham em seus trabalhos, um sente estar perto do outro.

Referimo-nos a pendores sócio-históricos. Que dizer, que pensar de um trecho como este da crônica "O país dos caranguejos" tão revelador de nós mesmos?

> Caranguejos saem das tocas na inversa razão do novo. Só quando não há aparentemente nada que não seja o movimento do vento, das marés e do sol eles saem. E saem para uma continuidade do que não constroem, apenas perpetuam. Para eles é como se houvesse um rito de primeira criação, que eles imitam. A ordem natural das coisas é cavar túneis, alimentar-se, acasalar-se e crer que as novas gerações farão o mesmo.

Filipe Moreau embora reconhecendo a força da linguagem, como acontece em "Uma janela aberta para ela", onde escreve, "É muito fácil, através da instrumentalização de alguns, segregar a maioria da população através da língua. E só assim a propaganda existe. Através da linguagem você fala e troca, doutrina, impõe seu jogo", não se mostra empenhado em trabalhar estilo, importa-lhe mais o pensar, o sentir, e o faz imprimindo em alguns textos um estranhamento desestabilizador. Porque a crônica permite este estar lá e cá, a incerteza, a reflexão, ver o poético em coisas que parecem comuns, mas aos olhos do cronista transformam-se em matéria-prima de novas interpretações. É então que o leitor percebe que a concepção linguística utilizada para abordar determinado tema, sobretudo os de caráter filosófico, alcançou dimensões mais amplas a elevar a crônica ao patamar do simbólico, e o resultado é que a expressão simbólica de sentidos não se comunica de maneira imediata. Exige reflexão. Veja-se "Segunda história — contos da caravela — Fingindo-se de Caramuru (Recuperação da loucura ou — o naufrágio)", ou ainda "Universo à volta" do qual extraímos o trecho abaixo, e veja-se aí ainda assim, a revisitação da história brasileira:

Vários povos, com seus diferentes comportamentos e concepções filosóficas, resolvem formar uma pátria utópica. Para isso precisam de um território, e então inventam as navegações, escolhem o local e expulsam de lá o que antes havia. Funcionará? Com a sedimentação do código, por acúmulo de redundância, funcionará algum dia, e no momento tratemos de lançar informações novas, para que um dia se conectem, bordando os fios desta colcha, que por natureza apagará seus remendos, como pele.

Mesmo quando aborda tema delicado como o vício das drogas o autor em sua percepção criativa o faz em chave positiva de lúcida superação. Foca em cicatrizes que nos remetem a sentimentos de vitória, de conquista, de crescimento e de amadurecimento. Testemunho de que a jornada não se perdeu. Veja-se a crônica "Volta ao universo e às origens (Épico)":

> (...) Já imaginava que era um penhasco, e que se voltasse estaria esfarrapado, mas não aceitou as alegorias propostas por nenhuma religião, nem o nome de "trevas", apenas o deserto de si mesmo é que podia ser atravessado.

Há crônicas de um lirismo tocante, como "A morte da avó", "Explorando uma mitologia", "Abelhinha", "Ilha" e "Início de namoro". Mas é quando lida com a memória criativa como matéria-prima de suas crônicas que o autor obtém os melhores efeitos. Crônica "Terra sem mal":

> Não me lembro de outra jornada. Mas ainda vale, como meio termo entre ser e imaginar, a possível mensagem da memória inconsciente, das andanças da infância que vemos de perto quando lemos experiências alheias, nos lençóis d'água.

Tudo se transforma em passado. É uma das conclusões a que chega o autor. É verdade; mas o que seria da aventura humana neste eterno passado-presente-futuro sem a memória que nos coloca no topo da cadeia evolutiva, e que aqui se revisita atribuindo novos significados através da mudança da visão de mundo? É o maravilhoso poder que temos sobre a "grande dor das coisas que passaram" como escreveu Camões, e que a memória resgata a nos tornar seres únicos.

Krishnamurti Góes dos Anjos
escritor e crítico literário

CRÔNICAS ABSTRATAS

ORIGEM

    Dos estranhos fragmentos nebulosos formou-se enorme disco, que abriu suas mãos e assim nasceram o céu e a terra. Dos titãs que habitavam Saturno, a vida migrou a Júpiter, na forma de deuses. Seu terceiro estágio está extinto, mas pelo que nos mostra Marte, ela passou por uma seca, começo e declínio antes de aqui chegar.

O PAÍS DOS CARANGUEJOS

Vai-se a inércia, novos manejos. Caranguejos saem de suas tocas, começa o mundo. Primeiro era para contemplar o fenômeno natural do céu mudando de cor, com as coisas se tornando visíveis. Depois, pensa-se o dia a dia, as tarefas. Caranguejo sai com um punhado de areia nas garras e vai cavando novo túnel.

Caranguejos saem das tocas na inversa razão do novo. Só quando não há aparentemente nada que não seja o movimento do vento, das marés e do sol eles saem. E saem para uma continuidade do que não constroem, apenas perpetuam. Para eles é como se houvesse um rito de primeira criação, que eles imitam. A ordem natural das coisas é cavar túneis, alimentar-se, acasalar-se e crer que as novas gerações farão o mesmo.

TERRA SEM MAL

A franja de mato sobre a encosta, vertente da montanha que é o limite do verde vegetal, dá lugar ao declive de areia que propicia o grande mergulho. As noções humanas, ou melhor, convenções, como dias da semana, ângulo dos ponteiros, não fazem sentido para os peixes e algas que ali habitam, e vendo com o recurso do vidro o seu mundo, podemos constatar que mesmo os ventos não representam para eles as ondulações das correntes, e menos ainda o movimento das marés.

Nadando em direção à brisa, reflexão do porvir sobre o silêncio dos raios luminosos em curva, avistamos enfim a ilha onde não há maldade, onde as flechas por si trazem os alimentos mais proteicos, onde as frutas saem das árvores também por si, e diferentemente do paraíso em equilíbrio, pipocam aqui e ali as novidades, coisas que não param de acontecer em estado de êxtase, a transformação manifestada em máxima velocidade, com prazeres físicos, delírios, o feto e a alma.

Ainda se vê, mesmo nadando em curva, do mesmo lado o nascente e poente, do mesmo lado o alçar voo e retorno dos pássaros, e atrás, que não é o oposto da frente, a praia de onde nos lançamos. Mais um reflexo dos músculos e voltamos, movendo com garra o pescoço para os dois lados, até adquirir um ritmo másculo e corajoso, coisa que nossa vida sedentária andava sentindo falta, e passamos a acreditar mais nos humanos que sentem ânsia de vitalidade, juízo no corpo.

O ser humano é guerreiro, e logo saindo da praia já se vê que no céu escuro desponta a lua, aquela grande pedra flutuante vista por todos os antepassados e que permanece estável, durando os tempos. Já é hora de corrermos para a linda casa iluminada das nossas recordações, o nosso conforto ancestral, lar inviolável dos sonhos. Lá chegando, adquirimos o alimento solidário das verduras compradas na feira, mais o lugar à rede depois do banho, os jogos e filme em vídeo, mas principalmente a sensação de corpo banhado com sal, o ar marítimo, o calor.

Logo de manhã poderemos dar novo salto, nova jornada em busca do aproveitamento deste tempo, entre manhã e noite, em que teremos vantagens incontáveis sobre aqueles que não saem de suas ruas, porque aqui nem há ruas, apenas caminhos de areia em aberto, e o céu descoberto propicia a saída de novas abstrações, pensamentos livres e construtivos, com a calma da água que passa sobre a areia em movimentos que nunca serão iguais, e nunca poderão ser calculados, já que serão sempre novidades pipocando aqui e ali.

Lembro que numa tarde saímos para a praia ao lado, e que lá o mar estava em estrondosos movimentos desiguais, embelezando as pedras com flores parecidas com água paralisada, mas que era na verdade o retorno da expectativa formulada como única saída, banhando de lágrimas o rosto recém-adulto do que se dizia sobrevivente de uma tragédia que nem houve, fruto psicológico de um declive em hora errada. Todas as chances estão lá, nas palmas das mãos, mas não ter medo é função das condições, e tantas frustrações, desilusões, não lhe deram certeza de que bastava confiar na abstração, pelo que outrora se dera, e nossa consciência é passageira. Assim como vai e vem, nosso corpo responde a impulsos dos sonhos, com elegância, sendo reconhecidos os princípios dos adventos.

Não me lembro de outra jornada. Mas ainda vale, como meio termo entre ser e imaginar, a possível mensagem da memória inconsciente, das andanças da infância que vemos de perto quando lemos experiências alheias, nos lençóis d'água. Dentro da bolsa, já havia luz de estrelas, já havia o Sol e a Lua cobertos de nuvens, nuvens estas que deram origem à imensa massa vermelha de um planeta em formação, que quando não me lembro bem do tempo, abstraio em desenhos geométricos da divisão em fases, o desenvolvimento da alma, múltipla faceta dos organismos que não param de se dissociar. A origem é um movimento contínuo, não há razão no ser, muito menos moral, há apenas o vagar divagante das ondas em marés de mares azuis.

Verde é a cor dos seus olhos, verde é o mar em que vivemos, amarelo o sol que nos ilumina, e pipocando aqui e ali vão os extremos do arco-íris que nos faz imaginativos. Ventos fazem procriar as florestas, das cachoeiras recebemos a noção de continuidade, esperamos dar brilho ao trabalho, que com convicção nos lançamos. Verde é a cor da semelhança, dos que põem olhos à atração, e se confundem na água coletiva de nossa maioria feminina, a que nos lançamos. Entre feixes de luz, há vida, copos de vidro com água, algo transparente, não como nosso reflexo, como insondável matéria feita de pensamento, que é energético.

A tribo que nos cerca, a mesma preparada no caldeirão atômico de bilhões de anos atrás, é aquela que tanto conhecemos, e que nos propiciou a liberdade pela ação da guerra, da luta e conquista. Sendo nós mesmos, resta-nos abrir a janela para esta possibilidade, de um lugar em que não haja mesmice, em que as frutas venham ao nosso alcance antes de nos darmos conta, onde as flechas saiam sem arcos, trazendo peixes, joias, companheiras e virtudes.

É algo que nunca sonhamos, porque não pode se repetir, pode apenas fluir sem as regras da dinâmica, porque temos o que somos, dentro do giro sem deserções, por mais que tentemos, inevitáveis ao crescimento da chance abrangente. E se haverá companhia, desembestará em ganas — mais do que nós mesmos nos ajudam.

Verde é o eixo, que aqui se esvai, à espera de novo mergulho: a onda é grande.

RESPIRO

Pã é uma lua de gelo que passeia como bote a motor no meio dos anéis de Saturno.

O jacaré que saiu do ninho parecia mais uma lagoa. Seus braços e pernas eram rios que vinham e iam, como se estivessem mesmo represados, ainda que incompletamente.

ANTES DE LER, LER-SE

    Antes de ler qualquer coisa é bom se lembrar se na casa há vasos com plantas que precisam ser regadas. O regador é objeto móvel, reage a impulsos da mão humana, que reage segundo o poder executivo do cérebro. A água cai, molhando a terra, em movimentos determinados pela gravidade, ou seja, atração dos corpos.

ELA

Ela ouve o canto de um pássaro e vai até a janela verificar se ainda há sol: a tarde se faz bela.
Ela ouve o canto de um pássaro e vai até a janela verificar se ainda há sol: a tarde se faz dela.
Ela, que é bela, ouve o som e canta com o pássaro, da janela, havendo o sol nesta tarde, que se faz dela.
Ela ama o mar e assim inicia uma nova jornada, rumo ao horizonte, que nunca chega, mas ela vai, errante, por mais distante, rumo ao novo horizonte. Lá vê o mastodonte, numa ilha, mas é a ilha de Minos, e num relance vê o homem alado que se aproxima do Sol, cai, mas transforma-se em Cupido, e flecha-a.
Não há nenhum homem à vista e ela se apaixona pelo mar, até que de tanto lembrar, vai sendo o seu namorado a transformar-se na pessoa amada.
(Chego tarde, não... cedo, é ela quem chegará tarde. O poder absoluto de síntese dispensa todo um romance para que a meta seja apenas atingir sua individuação, e desacredite do esforço. Nada disso, disse, "Ela ouve um canto", e se não houver romance não haverá crescimento.)

FESTA INICIAL

 De dentro do quarto ela olha os lados, reflete seu pensamento sobre onde estão os outros espaços. Sob os braços para baixo estão duas palmas de mãos, voltadas para cima, e ela recebe os acordes dos últimos impulsos, iniciando sua troca de energias pelo ar com os espaços distantes (afinal, tudo no cosmos se interliga).
 De fora do espaço algo se move, interage com ela e permanece a ordem dos fluxos, de onde se tem poder, e o que é grande permanece. Fiéis às causas, os efeitos se sucedem, e a imensa festa começa: o universo é grande em sua história, compacto em seu tempo, sujeito a revoluções.

MITO DE CRIAÇÃO

No começo, não havia nada, nem ninguém, porque todos estavam dentro da barriga.

E da própria barriga veio a nascer a vara, que era de Jessé, e foi de onde brotou também a primeira flor.

Enquanto assistíamos ao espetáculo, ofereceram-nos frutas. Primeiro veio a banana, depois a uva e por fim a maçã.

Lá pelo sexto dia, nossa barriga inchou, inchou e da flor desabrochou Maria.

Eis que dentro dela passou-se à existência de um primeiro Salvador, filho do homem que para alguns haveria de voltar a cada dois milênios, fazendo-se de todo renovado.

IMENSIDÃO DO COSMOS

O universo em expansão. A informação nova, o advir do tempo (em sua própria dimensão, o espaço) como prolongamento da matéria, só poderia resultar numa explosão (esta, o próprio advir do tempo que a permite), a do ovo de Brahma. Como criar uma informação nova? Com o tempo. O tempo sedimenta o código através da redundância. O louco cria universos paralelos, que num universo em expansão acaba se conectando ao comum de todos os seres, em processo tangencial ao horizonte de eventos.

Da mesma forma, uma entropia histórica. Vários povos, com seus diferentes comportamentos e concepções filosóficas, resolvem formar uma pátria utópica. Para isso precisam de um território, e então inventam as navegações, escolhem o local e expulsam de lá o que antes havia. Funcionará? Com a sedimentação do código, por acúmulo de redundância, funcionará algum dia, e no momento tratamos de lançar informações novas, para que um dia se conectem, bordando os fios desta colcha, que por natureza apagará seus remendos, como pele.

ÍNDIOS PARA SEMPRE

Há quem ainda discuta se houve descobrimento da América. Houve intercâmbio entre os dois continentes, com explorados e exploradores. Houve massacre de pessoas e precipitação na conquista da natureza. Houve o inevitável: possibilitou-se a consciência de tudo que há no planeta, e conquistas pelos mais fortes e aparatados.

CHEGADA DOS LUSOS

Quando os índios viram ao longe a chegada das primeiras caravelas, precipitaram-se a observá-las, acompanhando por terra seu trajeto. Por mais que os portugueses fossem feios, sujos e fedorentos, nos índios pairava uma imensa curiosidade. Sim, e foi por isso que, quando depois de observarem os pequeninos — a descerem daquelas enormes canoas para botes menores, e destes para a areia da praia — e aproximarem-se dos cujos, eles choraram: aqueles tipos esquisitos eram simplesmente os seus parentes genéticos, primos distantes, que estavam de volta, resolvendo para a ciência deles o elo que faltava, cromossômico, entre passado e futuro.

CAVALEIRO MARGINAL

O seu pensamento é um cavalo, que a partir de si e para si vive, sem saber se foi domado. Como touro selvagem, fora encontrado em pleno meio de floresta, e estava lá como negro eu, menino indefeso, apenas com dois gravetos presos às mãos. Muito tempo ele precisava espreitar, e mormente de cima de uma árvore, imaginado aquele momento em que saltaria às costas do bicho para lá permanecer, de joelhos firmes.

Antes precisava ver a luz do sol, que como se o ouvisse abriu caminho entre as trevas, e ele pôde descer daquele galho meio indeciso, com medo dos tigres e leões. Ouvindo o vento, caminhou até finalmente chegar a uma clareira, onde dormiu. Foi a noite mais longa de sua história, e o despertar mais demorado, quando em meio à sonolência começou a sentir carinho nos pés, de um pequeno animal que viera cheirá-lo. A poucos metros estava o cavalo, indiferente, a beber água.

DOCE IMAGINÁRIO

A leveza da paisagem nem sempre diz que é para ser contemplada. Às vezes se diz apenas para ser sabida, reconhecida. Dentro de nós, o campo e os habitantes da cidade se completam.

Sobe-se ao galho mais alto e observa-se que a margem do rio não notou nenhuma presença, e apenas os animais é que se afastam. A natureza e ela têm em comum a absoluta identidade do que representam: conceitos anteriores ao autoconhecimento.

Feita a luz, podemos nos entreter, desfrutando.

> E quando a Lua for grande, sairemos de lá para nos beijarmos, agora sim, um ao outro...

Morder a maçã fará jus à tradução (não à tradição, digo, à traição), mesmo que a mordida não tenha o sabor de uma primeira vez, porque nunca foi, já nascemos tendo beijado, e é até melhor quando já se sabe. Mas um gosto novo será sempre a surpresa, a melhor surpresa que se poderia esperar, e nada seria tão doce quanto aquele beijo, nada tão puro e suculento em toda a minha vida, e o gosto dela então, o melhor.

Nascemos da praia e não importa em que cama: desceremos nossas roupas pela primeira vez logo que nos conhecermos, mas não seria assim se nos conhecêssemos ao acaso. Ao sabor da maresia, do céu estrelado que víamos um pouco antes, da própria água do mar. Só a água do mar limpa e purifica as energias, e é por causa do sal, que descarrega todas as tensões acumuladas no caminho, da cidade, da vida.

Ela e eu já nos amamos antes, mas foi preciso o mundo dar voltas para nos escolhermos. Foi preciso uma montoeira de pássaros voando em conjunto para que se manifestasse em si o movimento, abrindo pelo menos os meus olhos (porque os dela, são dela).

Não seria mistério se me dedicasse mais a ter o corpo esticado sobre uma pedra, tomando sol e ouvindo o barulho do rio. Não quero falar só de mim, mas nunca fui outra pessoa, e mesmo das que conheço, habitantes do ser, uma que respeito é a que estava nua, permitindo que as borboletas se aproximassem, e as abelhas pequenas, pousando sobre seus pés...

Foram apenas duas vezes, desde que a conheci, que lá estive. Não tem tanto peso esta passagem, apenas o de perceber, pensar que sem ela eu voltaria a estar inseguro, na estrada, dando carona a estranhos, dispersando o que havia de bom. Mas não a ponto de ao reencontrá-la deixar de estar inteiramente presente, porque o amor em si já dita esta continuidade, e mesmo enquanto dormimos as raízes crescem, entrelaçando-se.

PENSAMENTO POLÍTICO

(A personagem XXY era exímia controladora de suas próprias emoções, mas passou a ter dúvida sobre a utilidade disso, e a não disfarçá-las.)

Talvez não se estabeleçam mais características sobre o levar de uma vida poética num país como o Brasil. Por isso, prefere-se dizer antes "andar" do que "levar".

Como um poeta poderia pertencer à política, ou à classe dominante, sem se importar com o desenrolar da história, sem mais ligar para a maneira que gostaria que fosse? Hoje, não há alternativas. O meio ambiente é ainda a única resposta para a continuidade da civilização. Dele dependem os homens. Outrora, os românticos podiam achar que sem as civilizações o planeta seguiria o seu fluxo de uma maneira mais limpa e duradoura, mas muitas discussões intelectuais apontaram que a natureza só poderia existir se fosse observada, afora a crueldade e selvageria de um mundo determinado apenas por condições atmosféricas e geológicas.

Isso eu já vi: um poeta, considerado o mais profundo, guiar o seu próprio automóvel, e extraindo disso sentimentos doces. Não é porque o petróleo representa a poluição, porque um dia ele acabará e o conflito entre os povos se acentuará ou terá o seu ápice. Digo mais, quando acabar o petróleo, haverá o conflito decisivo sobre o tipo de população que habitará o planeta, se todos, se alguns.

O planeta é uma máquina orgânica, que administra a quantidade de energia fornecida pelo Sol. Talvez todos, talvez uns, possam continuar sua jornada. Mas enquanto isso, o coração burguês recebe de sua amada os bons fluidos, de amor e carinho. Esbanja o sol de sua emoção ao lembrar que um dia antes estavam lá, no carro, a contemplar bela paisagem, unidos na dimensão afetiva.

Puderam ver o mar, o grande mar que se estende por essa faixa em que outrora habitavam os seres nativos, não tão exclusivamente, posto que o mar em si já transporta informações genéticas por todos os cantos. Assim mesmo, um simples banho resgata as peculiaridades transcendentes, purifica a alma, faz ver que o maior dos amores é interior aos seres, e que lá dentro habitam mutuamente ele e ela, dentro dela e dele. Enquanto caminham em seus trabalhos, um sente estar perto do outro.

(Basta lembrar que a melhor das possibilidades é um mundo pacífico, com cada um dando o melhor de suas vocações, e em que todos possam existir. A poeta escreve, o músico põe melodia, e eis o maior dos laços.)

Ela está menstruada. Mesmo assim, floresce o espírito a partir do ato sexual. Uma luz revive, nasce nela a força de vontade, ou pelo menos o prazer em encaixar prazeres. Ou nada disso (quando lembro de tudo o que se dá por pronto, ofereço ao futuro o que houver de melhor).

Sim, o cheiro dela está agora na minha cara. É que andei experimentando seu perfume, perfume de coisas que não sei dizer, rosas, mulher amada. Bastou um telefonema hoje para que confirmássemos nosso amor. Foi quando ela me ligou. Dos outros, quando eu estava em outra casa, não precisava.

     Há muitas possibilidades: permanecermos casados para sempre.

PENSAMENTO POLÍTICO (2)

A maior concentração de renda na história do capitalismo aconteceu no Brasil. Contrapondo-se a isso, mas de maneira coerente, se se pensar na Guerra Fria, a maior estatização. Alinhado aos Estados Unidos, o país liquidou uma geração de pensadores, científicos e literários.

A dor do ator é quando ele percebe: acabou o cigarro. A dor de uma empregada doméstica é muito maior, porque ela tem esperança de que um dia as coisas serão diferentes. Ela sabe que as coisas estão melhores do que no tempo da escravidão explícita, mas já nem sonha com o socialismo, só com ganhar mais, para poder montar seu próprio negócio.

CAVALEIRO MARGINAL (2)

"Vinha o caminhante do nascente ao poente" e qual não seria sua trajetória de personagem representativa qualquer, se estivesse em missão de algo vivo, em direção a campo mais amplo? Não resistindo aos morangos ali plantados, pôs-se a contemplar o que delineavam as montanhas, de cima de seus dois pés. Observando toda a paisagem (que em seu teor contemplativo apelidara de "mãesagem") descobriu que não longe dali estava a macieira com uma cobra entrelaçada ao tronco, porém dorminhoca, não alterando assim o curso de uma história qualquer. Arrependimento maior ou menor não viria em época futura, por não ter mordido dela, um fatalismo igual ao crucificar do mártir, mas por acreditar no arrependimento do que já passou.

EXPANSÃO DO UNIVERSO À VOLTA
(Todo ser religioso é perigoso)

    Esta história precisará ser contada inúmeras vezes, porque não a conhecemos de verdade. Contá-la não passa de uma tentação do espírito, e nunca chegaremos a uma versão definitiva. Trata-se da origem de tudo e, consequentemente, de nós mesmos.
    A imensidão do universo nos esmaga, ultrapassa nossas possibilidades de descrição. No entanto, indícios como a fuga das galáxias, umas em relação às outras, permitem ao ser humano reconstruir sua história. O grito de nascimento do mundo (emitido aproximadamente um milhão de anos depois) é uma radiação eletromagnética que atinge todo o universo observável.
    (Nunca se poderá dizer algo ao certo sobre a probabilidade do que nos fez existir. Seria como calcular todas as combinatórias de uma simples frase... O que nos diz o passado é que, em uma coisa tendo acontecido, eliminam-se todas as

A ORIGEM DO AMOR

possibilidades de que outra acontecesse no lugar. Chegou-se a pensar que sempre houve a probabilidade de um para dois — aliás, todo o delírio fantasmagórico de alguém que se viu perto do caos orbitou isso, de precisar acertar as sucessivas vezes naquela escolha de um para dois, sustentando não só a vida como também a existência: uma batalha sem fim, pois, assim como os nêutrons, a existência lhe parecia ser cíclica e infindável.)

(E é assim também com o espermatozoide, que ao fecundar o óvulo o fez único, eliminando-se todas as possibilidades de que outro pudesse ter vindo em seu lugar...)

Nas imagens de um delírio visto de perto (e para alívio nosso, já tão antigo), vagaríamos pelo universo em nave de existência tribal, sempre repetitivos, não sabendo como sair deste ciclo. Pessoas eram luzes coloridas, condenadas à consciência de um existir limitado (e "para alívio", repete-se, chegou-se à parada desse tempo, ou à transformação dele, por meio de uma paisagem serena e natural).

Na batalha entre matéria e antimatéria, depois de bilhões de anos, venceu a matéria.

(O "Cristo absoluto" — inspirador de um "cristão absoluto" — não haveria de lembrar, ter memória ou ressentimento. A conversão religiosa tiraria do escritor a livre contribuição, pela manipulação de todo o seu tempo disponível ...)

Ele chegou a brilhar quando jovem, tornando-se monge e viajado. Dizer "Eu", abrindo inevitavelmente uma cortina, seria inaugurar o cerimonial de um imaginário: teatralizar a importância do observador, dar peso ao ponto de vista emocional. Mas a alma "sensível" que mergulha na linguagem não poderia se isentar da palavra e da poesia dela.

(Por mais belo, mais reluzente e fino que parecesse aquele corpo jovem, raramente afastaria de suas concentrações o bom pastor. Mas foi numa dessas raras vezes que tudo isso aconteceu.)

AMPLIDÃO FUTURISTA DA LÍNGUA

Há vinte e seis anos as nuvens já circundam o mundo. Vapor que se formara dentro do planeta, a água sai agora em enxurrada, junto com a lava, dos topos das montanhas. E é nesse momento que cai a primeira chuva, chuva que não para, até que sejam formados todos os lagos, rios, mares e oceanos.

No convencionado sul do mundo, o continente antártico receberá as primeiras formas terrestres de vida, que atravessarão o oceano quando se der o deslocamento de uma placa em direção ao hoje conhecido sul da Ásia.

Primatas primitivos logo habitarão a África, e deles descenderão os seres humanos. A partir do desenvolvimento de um código linguístico complexo, criarão a civilização, com todas as suas variantes, até atingir-se um desenvolvimento tecnológico que permitirá a consciência e domínio de toda a superfície do planeta.

Mas tal evento acarretará em esgotamento dos recursos naturais e, mais ainda, em poluição. Os gases venenosos lançados à atmosfera vão aos poucos desequilibrar a natureza, diminuindo a camada de ozônio, e assim se tornará urgente uma nova alteração, científica, dentro do comportamento humano.

EXPANSÃO DO UNIVERSO À VOLTA (2)
(Ainda em tema religioso, e perigoso)

O pensamento se faz por imagens visuais e acústicas.

(Um passarinho pousa no beiral da janela, a meio metro dela. Demora alguns segundos e quando me percebe voa de volta ao jardim. Por uma superstição grega, tento reparar por que lado de sua frente ele desloca, um pouco mais para a esquerda, mas vejo ao longe outro pássaro, em voo amplo, de seu lado direito – e lembra-me de quando ia dar uma primeira aula naquela faculdade de Santos: havia enorme bando de pássaros em voo preciso à direita.)

A memória é um tipo de pensamento, que pode ser livre ou em função de um raciocínio. A memória extremamente livre é o devaneio, e quando foge ao nosso domínio passa a ser sonho, especulativo ou simples descarregar de tensões.

Vivemos em sociedade, e daí a necessidade de prestarmos

conta de nossa existência. Se não fosse com os agrupamentos humanos seria com outros seres e coisas das quais nos alimentaríamos, com as quais interagiríamos mais de perto porque, em última instância, todo o universo está interligado. A sociedade humana deu complexidade aos códigos de comunicação, que de tão apurados se tornaram instrumentos de hegemonia para grupos minoritários, dos quais dependem a grande massa; a sociedade é como um grande trem, onde muitos se agarram e se penduram como podem.

Um livro se presta a passar informações úteis para o leitor, algumas vezes de conteúdo, outras, pela nova forma, pela simplicidade e concisão em nova organização das informações que já se tinha e sabia. Um organismo quer perdurar, quer sobreviver e gerar descendentes: é assim nos seres vivos e é assim na cultura. Cultura vem de cultivo.

Uma sociedade produz cultura quando está próspera em suas necessidades mais básicas. Toda sociedade e toda civilização tem seu crescimento e declínio, ou transformação. No universo, tudo está em movimento e se transforma. O tempo de algumas transformações é lento, algumas vezes sereno, mas ainda não se descobriu um centro de gravidade universal, uma referência concreta em que se possam basear todos os movimentos. O instinto mais natural no ser humano é o de buscar essa referência na origem de todas as coisas, um espaço-tempo de origem, um ponto material que distingue o uno em duas partes, não pela analogia do sim ou não, da luz ou escuridão, o ser do não ser, mas sim pela necessidade casual dessa jornada, em que estamos todos os seres vivos, mas também nossos ancestrais e formadores, as outras coisas. Cada sociedade tem sua explicação, e no seio de todas elas, quando não se baseiam em costumes preexistentes, estão as religiões: o contrapeso à gratuidade da vida, o senso de responsabilidade e de justificativa (um tanto quanto irreal).

ESTRADA DO TEMPO

Tudo é assim: anda, anda, anda, e vai parar no futuro.

Ritual de passagem: agora passa a ser um deles.

... linda, meu amor (... sentindo como se viesse de tempos imemoriais...; e o que são — ou foram — esses tempos imemoriais? ... aqueles que se passaram antes de sermos um tipo qualquer de macaco...)

A ORIGEM DO AMOR

PASSAGEM

  Como quátzal está a capital do México: "rodeada com círculos de jade (...), irradiando reflexos verdes".
  (Esta frase bonita, tirada dos "Cantares...", serviria de introdução ao livro que alguém escreveria, mas não soube fazê-lo andar.)

  Por outro lado, o vento fez voarem as florezinhas brancas de uma árvore da casa ao lado, parecendo uma chuva, quase neve, com a vantagem de ser em um dia quente e ensolarado.

JOSÉ

(A sensação deste início de história lembra o herói indígena que se espreguiçava deitado sobre sua pedra preferida, aproveitando o que lhe restava ainda de sossego e prazer provocado antes pelo magnífico calor solar. Quando se apagava o sonho e a ameaça de perigo já não lhe era imaginária, deu-se a cena em um átimo de tempo, fração de segundo em que se movimentava para o lado, ocorrendo em exata sincronia à necessidade de se salvar para em seguida aventurar-se a viver as calamidades e reconstruir o que fosse mais necessário, podendo haver ainda uma civilização de amor no futuro...)

Ele se vira e a lança metálica cai exatamente no ponto em que estava. Mas então se virara e, portanto, viverá a necessidade de tomar decisões a cada tempo mínimo, como este primeiro em que o mar (depois de avançar pelo continente) subirá deixando apenas a pedra em que está. A partir daí ele irá mergulhando, a levar na boca uma faca, talvez a mesma que percebera quando estava a cair...

(Ainda na descrição daquela lança que caía do céu, o momento de hesitação, de dúvida sobre o porquê do movimento, era até vir com ela a clareza de um acerto intuitivo — ou seria só o acaso? A hesitação era sobre mexer o corpo, sobre a capacidade de fazer isso, como ave ao chegar o momento de abrir a casca do ovo.)

HISTÓRIA NATURAL

(... sem esperança de haver laços fortes entre homens que fossem isentos, e incapazes de impor pela força o que a razão lhes ditasse, em casos de tempestuosidade.)

A vida surgira no mar e adentrara a superfície do planeta, pouco a pouco, com uma espécie interagindo com a outra, avançando lentamente sobre o terreno arenoso. Vieram as aves maiores, capazes de sobrevoar imensos desertos, imensas superfícies que ainda não tinham sido cobertas pela vida. Imagina-se que tais superfícies poderiam ainda ser povoadas, ou que talvez já o tivessem sido no passado, pois a história do planeta atravessou muitas transformações. E o que dizer de outros corpos celestes, que hoje são enormes desertos, mas que um dia talvez venham a receber vida, pela ação do ser humano?

Saindo de um estudo sobre dinossauros, a primeira coisa que se lhe evidenciara eram certos reconhecimentos de que sua própria forma corpórea resultava de milhões e milhões de anos de combinações genéticas. Sensações como o medo e o instinto paternal seriam reações ao que é captado dos sentidos na luta pela sobrevivência. Nada afirma que o ser mais predador não possa ainda ser, em sua essência, também o mais puro, e que seres passivos como as plantas não possam ser independentes e comandantes dos que se movimentam. Em tantos anos de evolução, já saberíamos que mais vale o instinto do que as regras combinadas, pois estamos dentro e fora, unidos e competindo. Mas nos tornamos mais fortes quando crescemos juntos.

Todos somos mais fortes do que parecemos. E mais forte ainda vem a ser a beleza de uma pessoa, a que se ama verdadeiramente, pois sinto que é como se morasse em meu peito.

A ORIGEM DO AMOR

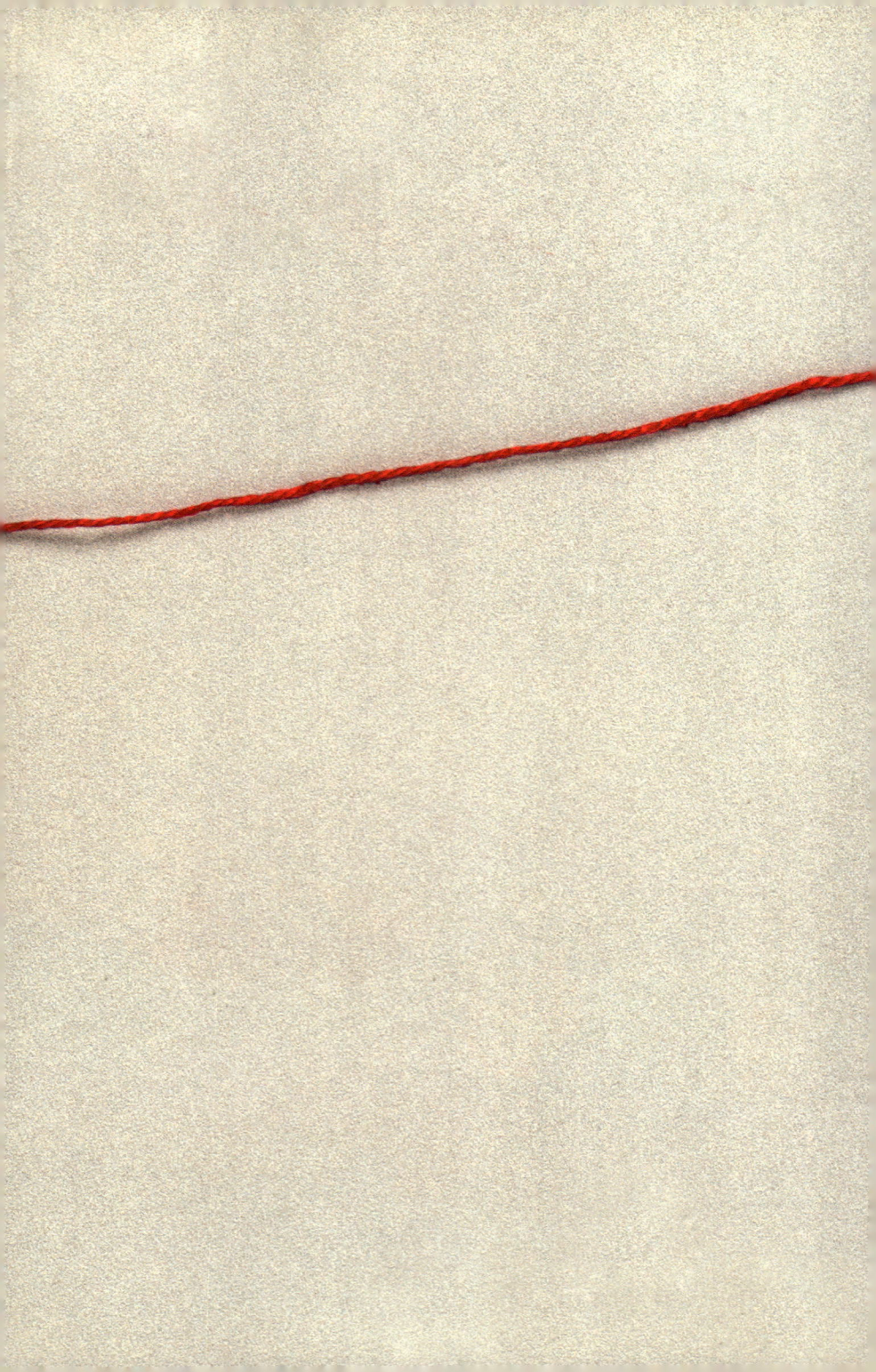

ESPÉCIES
DE CONTOS

PENSAMENTO POLÍTICO (3)

    Mesmo sendo um burguês conformado, tinha o passado de luta a favor de causas coletivas: colaborara com a Liberdade e Luta na primeira faculdade, abrigara um membro do MR-8. O seu passado sangrado parecia lhe impor que uma carga de acontecimentos dramáticos se sucederia a outra, até que derrotasse o mal, através de um amor que aparecesse e lhe fizesse agarrar-se à vida.

    Cada acidente divulgado nos meios de comunicação parecia lhe exemplificar a carga que carregara nos ombros. Mas afinal, de onde viria o mal? Provavelmente de ondas cósmicas; de ondas cósmicas que eclodem e espalham-se por correntes humanas. Ele atravessara algumas das mais perigosas, como ninguém. Poderia haver ciência de sobreviver a calamidades, a sucessões de tragédias? Então ele era um mestre. E foi assim que, com seu amor, desenvolveu esta ciência, de serem os únicos capazes de apontar seriamente onde estavam os perigos e como escapar deles.

A unidade da vida converge e diverge. Não há como achar o ponto: ele é formado justamente pela associação de vários outros. E há o horizonte no tempo, aquele que foi início em relação ao presente, mas que foi presente em relação a um outro início. Depois de distante, ele some. (É como o horizonte estrelar: diz-se do universo em expansão porque as galáxias se distanciam, e quanto mais longe, maior a velocidade de distanciamento. O horizonte é onde as galáxias se distanciam a uma velocidade próxima à da luz, porque se fosse maior que a dela, não mais as enxergaríamos. Mas se estivéssemos a meio caminho desse deslocamento, teríamos um outro horizonte. A possibilidade de um universo arredondado seria a de que através de sucessivos horizontes enxergássemos o que fora visto antes, provavelmente em outro tempo, em função da velocidade no percurso. Seria o tal eterno retorno, no caso de um universo uniforme.)

Há quem busque a unidade no sonho. Sendo o inconsciente insondável e, como tudo, proveniente da unidade, poderia oferecer o caminho transponível para a solução de mistérios. Mas o sonho é fruto do sono, necessidade de descanso. É mero descarregar de tensões psíquicas geradas pela tentativa de compreensão. Pela lei das probabilidades, pode atingir corretamente passado e futuro. Mas se ao se desligar da realidade faz parte do eterno, atingiria a imensa bola sem centro, fator obscuro das ciências. Acarretaria a inviolabilidade do destino, inconcordável. Seria visualizado um centro emanador, porém deslocável. Ele se tornaria provável pela possibilidade científica de que uma partícula mais rápida do que a luz tivesse sua trajetória inversa no tempo.

Já sonhava com a realidade, e tinha sua realidade no sonho. Mas era apenas fonte para um saber mais aprofundado.

Pois já não necessitava de coisa nenhuma, e deixava as dúvidas para os outros. Contentava-se em viver bem, sem se cobrar pelos defeitos em comparação com o que imaginara perfeito.

DIFÍCIL...

    Meio desconcertado, saiu andando pela rua, à procura de lugar para afogar suas mágoas. Naquela magia do si mesmo, do incontrolável no lado negativo das coisas, provocaria qualquer situação indelicada, mas sempre teve a sorte de contar com a proteção de si próprio.

    Há sempre em um bar uma prostituta para resolver os problemas pela via de fato, mas há casualmente aqueles tão entregues à desordem que, ouvir uma história diferente, sem dar palpites, pode até satisfazer. Não que traga alegria: eles são desordenados, e no máximo emotivos.

    Sentou-se a uma mesa e começou a beber só. Como já frequentou outros bares, há sempre alguém que o reconhece, convida-o a sentar-se ao lado, a conhecer novas "loucas", mas isso ele não quis. Começou a contar a história da hora.

    Tinha ido a um jantar, apenas por delicadeza com aqueles que o convidaram. Saiu de lá muito ofendido, sentindo-se um falso intruso, já que não partiu dele o convite. Quando conseguira se despedir de todos e entrar aliviado no elevador, outras pessoas pediram que esperasse e, novamente, por delicadeza, convidaram-no a sair com eles, irem a uma casa noturna, com música ao vivo. Lá chegando, foi logo rejeitado e esquecido, e por delicadeza esperou que todos fossem embora, até que se retirou, bêbado, tentando se desligar da baba que o atava ao copo de cerveja.

— E foi assim, meu amigo, que vim parar aqui!

Mais tarde ele precisava dormir, para novamente cair na farra, até que, graças a Deus, libertou-se dessa vida nojenta. Custou muito esforço e dedicação ao que compensa, e continua custando, mas já acredita em pegar leve com a vida.

PSICANALÍTICO
("Loucura")

O seu histórico emocional denuncia violentas intempéries que estão agora enjauladas, não por um trabalho metódico de "psicanalismo", mas pela simples necessidade de sobrevivência, aliada de um instinto amoroso. O autodescontentamento que trouxe atitudes destrutivas não só em relação a si, mas a tudo que se vangloriava de alguma superioridade sobre as formas mais simples de vida (insetos, por exemplo), o fez desatento aos relacionamentos que não representassem uma nova conquista ou transformação, gerando o isolamento e solidão que se alternava à normalidade construída com a infância, marcadamente numa espécie de retorno à adolescência a partir dos vinte anos.

Por causa dessa fragilidade, até hoje o assolam sensações de derrota e insegurança, que o empurram, tal como vento forte, à necessidade de vícios menores (que já foram relativamente intensos, mas menos frequentes do que para muitos amigos que tem ou teve — principalmente o de fumar, mas também o de procurar esquecer-se de tudo — pelo momento de isolamento e desnecessidade de agir — através de jogos de oponente virtual — como xadrez, dados, baralho, pinball, fantasias sexuais — colecionando fotos de modelos e outras, assistindo a vídeos eróticos — ou ver TV, normalmente noticiários — pois o outro tema, futebol, é mais fácil de dividir emoções e interpretações com pessoas conhecidas).

— Como o senhor deve saber, fui internado algumas vezes, dos 22 aos 27 anos, tendo durante todo esse tempo passado também por sentimentos alegres, como paixões, e convívios com pessoas realmente interessantes e interessadas em mim, que ainda hoje admiro, e por quem sei demonstrar meu afeto, independente de qualquer ajuda que possam ter me dado, e sem qualquer vergonha pelos meus eventuais vexames na época. Em geral são amigos, mas mesmo os meus familiares, eu pude gradativamente reconquistar a confiança e manter o afeto sempre em alta. A minha recuperação coincide, na verdade, com o surgimento de um amor verdadeiro que eu já nem imaginava que poderia ser tão bom, e que prontamente viria: primeiro um filho e depois uma filha.

CENTOPEIA MARÍTIMA

... sábio ele se sentiu ao retomar a leitura e logo nos primeiros parágrafos deparar com a descrição do que tinha acabado de viver na maré baixa: o interesse por uma nova espécie animal. Preferiu não colher a amostra, como faziam os biólogos do século dezenove para catalogar e desenvolver suas teorias: hoje já existe estudo muito avançado sobre isso e muito mais. Sem saber se era uma espécie rara, ou até ameaçada, preferiu manter-lhe a chance de sobrevivência, deixando-a exatamente como estava.

Mas pôde olhar de perto: parecia, a princípio, uma pequena serpente com patas (ou barbatanas) de lacraia. Quando a levantou calmamente (sem nenhum movimento brusco), viu que a reação era semelhante à de uma centopeia. Mas uma centopeia marinha, de uns 20 cm? Ela pulsava na vertical (e nisso era semelhante aos tais "lápis marinhos", nas palavras das crianças à volta, um dois quais, finalmente encontrado ali perto, era seu instrumento de toque e observação), parecendo ter olhos e boca, pela qual se alimentaria de plânctons ou outras pequenas formas de vida. Depois de deixá-la pela primeira vez, retomou logo a posição inicial (assemelhando-se de novo à centopeia quando logo após tocá-la, encurvou-se para ficar inerte). Depois de um tempo foi que a tocaram pela segunda vez, e perceberam que se sentiu ameaçada (pois na experiência dela, o "predador" ainda não teria se afastado), contorcendo-se logo. Então decidiu deixá-la lá, sem mais incomodar. Se estivesse com a filha por perto, faria questão de mostrar...

CAVALEIRO MARGINAL (3)

 Do meio do mundo, centro existencial de dentro, forma-se o cetro da conquista, bandeira que assume a luta do "eu" (ou "nós"), espectro do "aonde vamos?" Forma-se em escudo o maleável indestrutível, a força do "faça-se", dissociada do porvir, uma faca que impede a forca. Das duas uma e dá-se o existir, e então são consequências, meras consequências de milhões de anos de reações previsíveis, até que num átimo de desatenção as regras se alteram, para então sermos nós.
 Mais um dia e ele restabelece as prioridades, está firme sobre o cavalo, resta o caminho a percorrer, atingir o objetivo de lá transformar-se em outro. Alcança o cume do morro, continua, está próximo das nuvens e sente que naquele tempo exato é ele o único, e não dá a volta, vê a ave, voa de cima, nada o invade. Mas as relações humanas, inapreensíveis, saudáveis, dão a base para o próximo salto. Agora ele está dentro da água, e dentro dele é a água, uma que está fora e outra que não o circunda, de dentro dele em conquista do ser indissolúvel. Mas

agora, pensa, "não sou eu, somos nós, eu e aquele que em outro momento me fez estar dentro de mim, aquele que em mil pedaços se fez o tempo, o ser no tempo, único".

E é como se recortassem do ser vivo as três idades: a da infância, a adulta e a da velhice (pois em um agrupamento humano vê-se as três a um só tempo, mas elas são fases de um mesmo indivíduo, vetores ortogonais de referencial deslocável, e assim se apreende o sincrônico e o diacrônico da linguística, a impossibilidade de se fixar uma língua pronta: não são fotografias, são bases, a não ser nos grunhidos e balbucios de recém-nascidos, as línguas são bases; se não se define a comunicação humana, define-se sim a do animal, por cheiros e dentes).

Mais ele voa, mais está próximo do alvo e da paisagem. São fotografias sem fim, tempo que o mundo vive. E agora descansa, vai ao vilarejo, ao baile, está acompanhado, são fortunas inquebrantáveis a felicidade e o desejo, e lá estão, de mãos dadas, quando os dois se beijam.

Volta mais um açude, requebra, dá de dois nas frontes, faz fotossíntese. Dos campos de combate parte à "lavoura" da planície, irrita-se com a arte inacabada, abracadabra e lá está, ela, linda, cada vez mais linda.

JOSÉ E O BEBÊ

No sonho, por uma sorte incrível, José salvou o bebê desconhecido. Foi assim: nadava no mar com um amigo (que não consegue precisar quem) e, debaixo da espuma, algo pareceu encostar-se nele — um contato de pele, pôde notar —, e então esticou a mão para tocar e sentir o que realmente era, talvez peixe, mas tinha mesmo tato de pele... Quis comunicar ao amigo que agora estava sentado ali perto, na areia, e tentou afundar mais a mão para sentir novamente o que era (e parecia inofensivo), quando ouviu pela primeira vez um tipo de choro, baixinho, vindo da água. Ainda olhou para o amigo, mas começou a tentar trazer aquilo pra cima, sozinho. Na hora do segundo choro, também baixinho, resolveu se apressar, começando a puxar com as duas mãos (o que parecia preso), até conseguir, e tirá-lo da água: um bebê pequenininho, ainda vivo. Esfregou-lhe bem as costas, e o amigo quis também ajudar, mas já estava bem.

O amigo explicou-lhe sobre o desaparecimento de um bebê pouco mais acima do rio (e agora eles já estavam subindo este rio, em uma parte larga, ouvindo-se a explicação de que o bebê havia sido levado pela correnteza, e teria se prendido numa pedra). Agora eles iriam procurar os pais, com a excelente notícia. O lugar se parecia com Visconde de Mauá, porque a partir dali seguiriam por uma trilha até a casa (típica das de Mauá, ou das de praia, com muita madeira, e uma sala quadrada relativamente ampla) que havia ali perto. Bem naquela hora chegou o pai do bebê, e José o havia deixado deitado, um pouco displicentemente sobre uma bancada, que era talvez a da cozinha, pois precisara usar as mãos para fazer alguma coisa (mas até aquele momento, estava cuidando muito bem do bebê, com o maior cuidado...).

    Pegou-o então de volta e o bebê estava bem, e assim entregou-o ao pai, um hippie argentino, notando que a cara do bebê era mesmo parecida com a dele. Mas o pai não se mostrou tão emocionado... José foi entendendo a história. O pai, hippie, já tinha filhos do primeiro casamento, era separado, e foi com quem Giovana (sua amiga, e conhecida de todos que estavam lá) teve esse bebê. Era o primeiro filho dela, que devia ter ficado totalmente arrasada com o desaparecimento. José esperava vê-la, e que ficasse feliz por saber que tinha sido ele a encontrar o bebê. Mas ela não chegou a aparecer no sonho. E então lembrou-se um pouco dessa paisagem, de rio próximo à casa, parecida mesmo com a de Mauá.

MARIA VÊ A PAISAGEM

— Olá!
(Estava no mar e viu quando a grande onda veio em sua direção, parecendo tsunami. Não teve medo propriamente, mas reparou na beleza e magnitude dela, raciocinando sobre o modo de atravessar.)

Ele e Maria se olharam como se não fosse pela primeira vez, pois sentiam como se já se conhecessem dos sonhos (e daquilo que não é tangível). Estavam debaixo da mesma árvore, daquela em que se virava a cobra, e então se abraçaram tranquilos, como seria sempre, a partir dali.

Na certa, os caminhos que levaram José a escolher entre o entusiasmo e o comedimento não foram os mesmos percorridos por Maria. Disso, a maior parte da convivência que terão será a favor desse aprendizado mútuo, tanto na retórica do outro (como entendimento de um discurso alheio) quanto na complementaridade das experiências individuais.

VOLTA AO UNIVERSO E ÀS ORIGENS
(Épico)

Existiria uma galáxia, e nela as forças em movimento. Pelo que se aprenderá nos livros, um centro de gravitação era o que faria com que se mantivesse na forma espiralada. E é possível que no tempo macroscópico ela fosse um redemoinho, e só nos nossos sonhos saberíamos nos libertar do tempo.

A memória prodigiosa é capaz de criar imagens e mistificá-las, pô-las à mercê de nossos interesses. Às vezes chega a envergonhar-se pelo que não se lembra, do que ainda lê e escreve, mas não desiste de ter na literatura um espaço para a reflexão.

1.
Haveria por bem de narrar estes fatos, ocorridos quase como uma metáfora de nossa criação: não há "porquê" que se imagine sem a justificativa do efeito a que dará continuidade. Trata-se, portanto, de um encontro que lhe parecerá mais a causa do

que aconteceu anteriormente, do que sua consequência.

Houve em si uma justa fase de reconhecimento dos absurdos que poderiam lhe acontecer, se soltasse as rédeas do que o prendia à civilização, ao ser que podia ser reconhecido por suas redundâncias. Já imaginava que era um penhasco, e que se voltasse estaria esfarrapado, mas não aceitou as alegorias propostas por nenhuma religião, nem o nome de "trevas", apenas o deserto de si mesmo é que podia ser atravessado. Não houve herói, no máximo um alívio dos que se comunicavam com ele durante a perda de identidade.

Havendo oásis, conheceu vários peregrinos. Dado às cores, lutou para manter uma aparência discreta. Era consequência e causa de sua infância esforçada, dos elogios que aceitava quando se comportava de maneira exemplar.

2.

Altivo, insolente, o herói americano ainda não se harmonizara ao mundo. E deveria ainda se sentir só, para descobrir que depende das vítimas. Nesse sentido, foi um avanço o pacto de respeito com a gangue amoral.

Foi descendo o penhasco, e por mais que libertasse sua personalidade, estava preso ao instinto de sobrevivência. Atirou-se algumas vezes a operações delicadas, correndo risco de vida por aventuras inconsequentes, mas que na hora (e esse é o xis para se entender a relação dos índios com os jesuítas) pareciam necessárias à continuidade da existência do ser em que vinha se transformando, para se libertar do outro, do passivo e quase submisso. Passariam anos até se descobrir que através do outro, e só assim, é que se construiria um futuro melhor, firme e harmonioso.

JOSÉ, REI DA BRINCADEIRA

PARTE I – REUNIÃO À VOLTA DO FOGO

(Lá no fundo do oceano, onde a vista nunca alcança — ao menos a que prescinde de luz natural —, movem-se as placas tectônicas que definem os continentes — num total de nove.)

Nas Maldivas, as ondas invadiram o sul da ilha de Hakursaa, retirando toneladas de areia. Via-se depois o telhado de um bangalô boiando intacto nas ondas, cercado por madeiras soltas de outra construção. A leste do atol de Meemu, palmeiras boiavam em águas claras, enquanto algumas ainda estavam de pé no que antes do tsunami (gerado por um terremoto em Sumatra) era terra seca (e agora está mais de 30 metros mar adentro).

Arquipélagos de pequena quantidade de terra não fizeram a onda quebrar, e assim sentiram menos o maremoto. Mas sim, sem a proteção de corais, algumas faixas receberam o impacto direto das ondas, que foram suficientemente fortes para dar novos formatos às ilhas, e em alguns casos, apagá-las do mapa.

1.
De que o mundo é feito de ilusões, e a percepção por sentidos é quase uma camada tênue entre o que seria material, cristalizado, e o que estaria em ebulição, aprimoramento, no nosso inconsciente — isso já sabemos, desde que nos damos conta da vida.

Na captação pelos sentidos, tem-se como referência um único corpo, incapaz de distinguir ou relativizar pelo que seja a ciência. A ciência a descrever pela experiência acumulada de vários outros corpos — apenas isso.

A descrição do universo começa pela de si mesmo: são estrelas pequenas, pois não interessa a distância, a percepção que se tem delas em tamanho é a mesma que de mosquitos a boiar sobre águas paradas (ao mesmo tempo correntes), em um ciclo de 24 horas. A cada um que vê, a luz daquela estrela, a sua existência ou não no universo só depende da luz que chega aos seus olhos. Ela passa a existir quando é vista.

Assim como a distância entre nós e as estrelas é divisível pelo tempo na velocidade da luz, a microdistância entre nós mesmos deve ser dividida pela velocidade óptica, não deixando de ser ilusão, por milésimos de segundo, as imagens que temos de nós mesmos.

2.
Num sonho que estava dentro do outro, José vinha caminhando pelas trilhas abertas em um terreno montanhoso, ainda coberto pelas matas virgens. À falta de luminosidade do sonho, até se poderia dizer que estava em trevas, não fosse o momento de reflexão em que ao dar-se conta das cobras antes que as visse, dizimou-as a um só lance.

Como se vistas de uma existência passada, elas deixariam de existir, e então José seguia o seu caminho, preocupado apenas em ouvir o barulho do rio. O barulho constante do rio convidou-o a aproximar-se, mas não a ponto de largar o seu cajado. Despiu-se, aproximou-se. O cajado desapareceu.

De cima da pedra pôde ver a distância que o separava do rio, e num pulo pôs-se a voar, voar, até a mais alta nuvem, quando cautelosamente principiou a descida, desmaterializando-se do pássaro e voltando à sombra.

Ao transformar-se em ponto minúsculo no horizonte, o pássaro daria lugar à faca que descia verticalmente e em velocidade espantosa na direção do corpo que se deitava sobre a pedra. José virou-se em um só tempo, a tempo de ver a faca que fincara a pedra no exato local onde estava antes.

Era tempo de mergulhar, e assim o fez, com a faca na boca, percebendo ser este o momento em que o rio fazia parte do oceano. Com os tubarões à volta não precisaria lutar, mas precisava guardar bem o local onde estava, aquele pequeno rochedo meio ao mar, lugar único em que poderia descansar às vezes, na superfície.

Lá permaneceu por um tempo incontável, à passagem das nuvens e dos movimentos marítimos, até que pudesse visualizar a presença de uma nova selva, habitada por animais ferozes.

José desceu então foi de uma árvore, e pôde seguir seguro a trilha que desta vez o levaria a uma aldeia.

3.

"Dessa vez vamos deixar como está", dizia Maria aos filhos, "mas da próxima é melhor escolher um nome para cada peixe". Dito isso, cada criança pegou o seu pote e misturou a farinha e o tempero com a mão, para depois comer.

A ORIGEM DO AMOR

Já estavam nas frutas quando puderam avistar as caravelas ao longe, estando à frente a que tinha o anjo Gabriel no mastro. José se espelhou nas ondas, e como se viesse pelo mar, carregou Maria no colo, deu-lhe um beijo, e foram rodeados pelas crianças.

Uma caravela se aproximava, não fazendo nenhum sinal, e foi preciso que José remasse um bote até lá para descobrir o que estava acontecendo. No convés estavam as gaivotas, juntas umas às outras, como se fossem donas da nau, e lá dentro, depois de descer uma escada, José viu os homens que dormiam. Dormiam profundamente, sem nem um pretexto para levantar.

José passou a mão em cada rosto, tirou fitas e sapatos, e pensou em rodar o leme para enviar de volta a caravela ao oceano. Depois achou por bem ancorá-la, e esperar que os homens descessem.

Antes de voltar, subiu até o mastro onde estava a imagem do anjo. Ouviu-o dizer:

— No sul do novo continente mora um homem, entidade da floresta. Ele lhe deseja boas-vindas à História. Convida à vida uma criança que nascerá de teu ventre, desejando prosperidade a todos.

Voltando à aldeia, José veio ter com as crianças. Queria que cantassem e dançassem enquanto havia luz, pois à noite contaria uma história.

"A realidade existe", e assim começava um novo canto: "ela é a intersecção de nossos sonhos".

Mal raiou o novo dia e todos estavam se dirigindo à lagoa. Iriam apenas observar os peixes, dominados pela febre de um temporal. Não havia quem se atrevesse a pegá-los, e mesmo os animais da aldeia pareciam proteger o borbulhar nas águas.

Era um respeito ao tempo, à bonança que viria. E veio.

4.
Dez esquilos estavam em cima do galho, quando ouviu-se o estrondo vindo da direção do navio. Por causa de uma onda grande, ele fora jogado contra uma pedra que furou-lhe o casco. Via-se de longe as algas marinhas invadindo o convés, as nuvens rosadas passando por cima, e o barco docemente a afundar.

"Assim como veio, foi-se", refletia interiormente José. "Só que dessa vez para o fundo", seria a resposta de um dos esquilos.

Os esquilos saltitavam um para cada lado, o que era mais uma demonstração da bonança que estava começando.

Maria levou as crianças para um passeio, mas teve de descansar sobre uma pedra, por causa do enjoo. Pôde reparar numa folha de bananeira que estava ao seu lado, ainda carregada da água do último temporal, e pôs-se a beber. O pouco que saía pelo lado descia o seu rosto e barriga, pingando sobre uma madeira que estava ao lado da pedra. Maria viu a madeira, ciente do sulco invisível que estava sendo cavado, já que a mesma água perfura, a cada milênio, um pouco da gruta.

Chegando à colina, as crianças se puseram a correr. Maria observou no céu uma gaivota que voava bem alto: "o que ela pode ver?"

Por trás do céu rosa ia se pondo o sol, anunciando uma noite de muitas estrelas. Mais tarde, o número de estrelas parecia aumentar conforme a noite adentrava, e quando José terminava a história, todos estavam em silêncio, mas por outro motivo: pressentiam a chegada de novos visitantes à aldeia.

Ouviram-se os lobos, e também pareceu que o vento queria dizer alguma coisa.

5.
Foi na manhã seguinte que chegaram os três caçadores. Antes de se apresentarem, despiram-se das armas e ofereceram as mãos.

A ORIGEM DO AMOR

O que se parecia mais com um guerreiro foi o primeiro a falar:
— Estamos rodeando o continente, há alterações nas praias.
— Como assim?
— Os animais não estão mais se aproximando do mar. As ondas estão mansas, mas as marés, mais acentuadas.

José levou-os a examinar a nau afundada, contando que fazia parte de um comboio que seguiu viagem. Os corpos dos marinheiros foram levados para o alto-mar, ou talvez ainda estivessem vivos.

Embora insistissem, José não quis acompanhá-los na viagem, preferindo estar perto de Maria, mas emprestou-lhes o bote.

Na hora da partida, puderam ver no topo da montanha próxima pousar um gavião, bom presságio para os que iam e para os que ficavam.

No meio da noite, José e Maria se abraçaram muito, sentindo amor.

6.
Lembrava de uma vez ter subido de galho em galho atrás de um lagarto, e no ato de lembrar foram lhe sendo associadas outras histórias, chegando a perceber que já faziam parte do sonho. O sonho do prisma, sem que lembrasse de onde tirara aquela imagem — chegou a desenhá-la numa casca de árvore, e depois pendurou-a na porta da casa.

O mar, o mar cada vez mais forte como antigamente, era esse o sonho de Maria. Acordou com o latido de algum cachorro.

Dessa vez era por causa de um salto nas árvores. Uma arara, vinda de não sei onde, atraiu a atenção dos cães. Vieram as crianças atrás, e todos adentraram a floresta.

7.
Andando no mar adentro, as caravelas fediam a peixe.

Esperavam havia mais de uma semana pela chegada à ilha, que mesmo sendo vista demorou a ser atingida.

Era o encontro já esperado dos navegadores com os três aventureiros. A princípio surpreendeu a ambos os lados pela passividade, mas mesmo unidos na primeira expedição houve indício de que eram dois grupos bem distintos.

Josué, Marcos e Mateus, líderes dos navegadores, ordenaram que todos descansassem. Os três outros deixaram as coisas e continuaram a caminhada. Voltaram muito mais tarde, com já amplo levantamento do que havia para vasculhar na ilha: um lago, um rebanho de carneiros, e uma aldeia de mulheres.

Em cima da montanha também havia uma pirâmide de vidro, de meio metro de altura, e quando eles lá chegassem descobririam o motivo pelo qual as cores da ilha eram mais acentuadas, e o porquê dos muitos arco-íris.

8.

José estava sentado sobre uma pedra. Via o mar, as nuvens, os mergulhões que engoliam peixes. Sentia no amor algo que não era espontâneo, e que não havia uma atração mágica, mas uma escolha madura da relação certa. E da compreensão mútua, porque a natureza é assim, cria o homem e a mulher, e os filhos nascem, mostrando aos pais quem é o verdadeiro amor.

A mais linda história de amor que ele conheceu foi a de seus avós, pessoas puras, íntegras, confiantes um no outro.

Os avós de José se conheceram cerca de trinta e cinco anos antes de seu nascimento, em outra vila. Gostavam de passear juntos a cavalo, por segurança ou companhia, e era como se se identificassem sempre, desde a primeira vez.

Um dia o avô de José pediu que Ana segurasse os dois cavalos enquanto ele colhia os melhores frutos de um cajueiro. Ele guardava as frutas numa outra camisa de Ana, que depois pediu que ele segurasse os cavalos. Ela subiu nos galhos mais altos, e João a olhava mais por precaução, não se deixando flagrar maliciosamente aquela beleza mas, quando descia, Ana sentou-se de frente no galho mais baixo, como que a contemplar João. Os segundos se passavam, e nos olhos a se contemplarem não parecia haver nenhum propósito racional, então João aproximou-se vagarosamente, deram-se as mãos, João aproximou-se do rosto dela, cheirou-lhe o cabelo. Ana, já passiva, acariciou-lhe mais as mãos e o peito, então deram o primeiro beijo.

PARTE II – SACOLEJO DE UM NAVIO

O tempo é talvez uma helicoidal. Existe uma memória hereditária, que se expressa nos sonhos, dando toques do nosso inconsciente coletivo. As representações disso ocorrem nos mitos, mas a sociedade moderna os considera fantasiosos, pois não é capaz de identificar um fundo de verdade naquilo que não seja estritamente lógico-verbal.

1.
Muito caminhou José depois do susto passado no momento em que a primeira ameaça de cheia marítima ameaçou a vila. Ele teve de segurar as três crianças no ombro, fazer com que a primeira segurasse no seu pescoço enquanto emergia as outras duas. Caminharam pela ponte de madeira e quando chegaram à casa deixou-as com Maria e saiu pela mesma trilha por onde viera meses atrás.
De cima do topo da colina pôde ter uma visão ampla, procurando os pontos mais seguros da península, e pensando mesmo em migrar com todos para dentro do continente.

Passou a observar os pássaros.

Junto a uma árvore, José deitou e fechou os olhos, só acordando algum tempo depois, e então pegou caminho de volta, preocupado com o anoitecer.

Todos estavam um pouco silenciosos, mas depois da volta de José, as crianças começaram a rir. Fizeram uma brincadeira rápida, e depois cantaram, menos do que de costume, mas dormiram em paz.

Já raiava o sol e refletia nas paredes quando eles levantaram, pois José e Maria conversaram muito durante a noite.

2.

Há um tênue fio que separa a noite do amanhecer, o estar dormindo do despertar. Inversamente a esta vez, Maria e José fizeram o amor definitivo, numa hora intermediária entre dia e noite, e assim nasceriam os gêmeos Groz e Lurti, metade sóis e metade luas.

Mais tarde eles teriam ainda um terceiro filho, Vrau, objeto de ciúmes de Groz, e de carinho e compreensão por parte de Lurti.

Isso se daria bem mais tarde, quando o casal peregrinava apenas com os filhos, atravessando os montes Apeninos e deixando para trás, em companhia de outros viajantes, as crianças que Maria criara.

Essas outras crianças acabariam por reencontrar os três guerreiros de outrora, e fariam a primeira tentativa de resgatar suas vidas atravessando o grande oceano, num imenso barco, abastecido de grãos e animais pequenos.

Bem, mas voltando ao nosso casal, eles tiveram de evitar o contato com os cavaleiros bascos e, chegando ao sul da França, puderam estabelecer-se num planalto seguro, a essas alturas não tão distante do mar Mediterrâneo.

3.
    Vrau admirava Groz, e indiferente à hostilidade, procurava sempre se aproximar, para aprender coisas novas. E aprendia, até mesmo a hostilidade. Num belo dia, Lurti subiu aos mais altos e finos galhos de um cajueiro para presentear Vrau, que respondeu-lhe, grosseiro:
— Eu detesto caju!
    Piores eram as hostilidades de Groz, pois certa feita havia muitas crianças na praia, ocasião de uma pescaria, e quando os peixes menores eram atirados na areia, as crianças lançavam-se a disputá-los, e por não estar conseguindo pegar nenhum, apesar do físico avantajado, Groz viu Vrau disputando um peixe com outra criança, deu-lhe um chute no traseiro e correu em seguida a esconder-se, conseguindo ver a cara do irmão menor de indignação com a agressão em que não pôde identificar o sujeito. Sentado à beira de um tronco, Groz surpreendeu-se com a chegada do irmão trazendo dois peixes, e oferecendo-lhe o maior.

AGORA O DA CONFUSÃO

PARTE I - CIDADÃO PROBLEMÁTICO

O universo é finito na medida em que é composto de um número incontável, porém finito, de corpos celestes. Incontável, porém finita, é a quantidade de matéria, ou o número de átomos.

1.
José observa por abstração: o seu relacionamento com

Maria é finito. A sua ausência é uma secura destrutiva, e outra vez já intuíra sobre isso. Que quem de verdade estaria a seu lado para garantir-lhe o bem-estar seriam seu pai e a mãe de seu filho. O outro foco dessa elipse é o sufocamento da obrigação por opressão: ele teria de se conformar com uma vida teleguiada não pelo seu instinto ou comodidade.

José anda agora reflexivo e ausente, preso a raciocínios. Terá de tomar uma decisão. Nada é certo.

Visitou a tribo em que se fortaleceu, e o lugar onde tinha um último vínculo com a luta penosa e corajosa. "Tinha", ou ainda tem?

Tenta assim voltar ao raciocínio. Ele não é verbal, é figurativo. Mas a imagem que guarda é do teto da casa de Maria: a casa que foi deles, e agora é dela. E embora não durma lá, é onde ainda passa os seus melhores momentos.

Não quer repetir o erro. Se for realmente para se abrir a novo relacionamento, sabe que isso tem de se dar da melhor forma, com o máximo de atenção e cuidado.

Quando José pensa em seus ancestrais, sabe que de uma forma ou outra eles eram humanos, e como humanos tinham basicamente os mesmos sentimentos, dúvidas e cuidados que os seus.

Jamais será perfeito, e talvez ainda menos perfeito que seus ancestrais, guardando o que há de mais humano apenas dentro de si. Imperfeito é aquele que não age, que não pensa ou sente com precisão (pois permanece assim, pensativo, e problemático).

(Está triste e abalado, pensando se quer um relacionamento melhor, mais carinhoso e confortável. O que é mais confortante do que acompanhar de perto o desenvolvimento de seu filho? O que é lutar contra si mesmo? O que é relutar contra os pensamentos e sentimentos? Mexer com as opções, torná-las únicas?)

O diálogo que se dá agora com Maria não pode ser traduzido. Faz parte da imprecisa descriptibilidade da língua.

Hoje José é outro, melancólico, inatuante... Não gosta de dizer "Vamos lá!". Está inseguro como a mais tênue gota de água. Quer a vida, teme o medo. É o momento preciso, o momento de trabalhar as coisas, com calma e sabedoria. Não quer deixar nada pelo caminho, quer uma continuidade harmoniosa (e não se transformar em personagem cômica).

Há de se respeitar a língua, compreendê-la, para que suas críticas ecoem no lugar comum das críticas comuns, e não tenham validade. A autopunição pioraria as coisas: deixá-las-ia menos alegres e sutis, harmoniosamente armadas como na bola levantada pela amante com clareza.

José tem consciência do breque que deu ao impulso dela. Um impulso positivo, sem dúvida, parte de uma generosidade natural. Mas José puniu-se, como que pela última vez, indeciso, e terá de fazer uma escolha. As evidências apontam para a sua amante, mas José hesita, e pensa no filho – só nele, pois é com quem gostaria de estar.

Incapaz de sentir as coisas como são, José sente uma defasagem em relação à realidade. Outros a têm de perto, mas não todos. A sua defasagem é em relação a si mesmo. Sempre houve.

De repente, José se dá conta de que está a atuar justamente no mérito que a amante lhe atribui. Mexendo as palavras, José verbaliza. E, no entanto, está distante do que quer dizer para si mesmo, de apalpar as coisas, configurá-las.

José teme as histórias humanas, e não é de hoje que calcula uma desarmonia civilizacional. Mas o homem é um ser grande. Um ser que pensa e age, e sente, embora preso a necessidades físicas e afetivas.

O homem é um ser grande, tanto que cria e realiza os finais felizes.

A ORIGEM DO AMOR

2.
   José continuou por um tempo a questionar-se:
   — Seria uma vaidade minha? O que me importa em primeira instância, qual a ordem de prioridades?
   E em seu melhor instante de lucidez veio-lhe com grande certeza a ideia de que pensar sobre isso era algo monótono, e o melhor seria levar a vida, do jeito que desse.

3.
   Qual não foi a glória de José ao realizar-se o novo enlace amoroso. Sabia, sempre soube, que nada no mundo é seguro, nada é pleno. Mas move-se no mundo, próximo ao que chamamos de pleno, o que existe como fator de união, e chamamos de sólido. Nada mais resta do que um pleno concretizar de ideias, e assim segue José em seu plano mental, enlaçado, cada vez mais amoroso.
   Só acredita no amor quem o vive, e o tempo de espera parece anestesiado pela relatividade do que passará a ser história.
   Ninguém acreditava que o Eros viria certeiro a flechá-lo sem antes deixar de sofrer até a carne viva, para que tudo acontecesse. Alguns curandeiros diziam "sim", era importante o sofrimento, mas no começo de uma Nova Era parecia que todo o seu passado era de hibernação, e então José pôde renascer, mas até aí não se esquecera de alguns sonhos que tivera; sonhos de alerta, e outros impenetráveis, alguns geradores de ideias. José não esqueceu a ameaça de ser apunhalado, nessa época, naquela outra; algum ancestral pareceu ter sido mais forte. Deste ele ouvira as vozes, e desde que pôde ter certeza de que seria seu protetor, agora, outrora, qualquer decisão estaria sob controle de algo sonhado, ainda bem.
   José parecia agora aquecer os motores — se estes tivessem sido inventados —, e é como se fosse ainda um pequeno

pássaro, prestes a alçar voo.

4.
Estava na praia com a nova namorada, Joana, seu filho e a filha dela. Com os astros em harmonia, filho e filha se combinavam, Joana e ele um pouco contemplavam isso, e sabiam o que faziam, embora só nele possamos ter certeza do que se passava: ele estava amoroso, amando, não podendo deixar de reparar (e só nisso) na harmonia do cosmos, das ondas, da receptividade do mar. Porque ele e ela se amavam, e quase inconscientemente faziam oferendas, tais como estarem ajoelhados e com os filhos nos braços, com o corpo den' d'água, os joelhos na areia, para as ondas que vinham. Oferendas de flores, algumas, pequenas, mas que — amarelas, achadas ali perto — boiavam sobre as águas lisas e rasas que se estendiam.

5.
Bate agora um reflexo de sol nesta janela, como se lhe trouxesse à memória um distante sentimento de forças santas e naturais. O cosmo é cósmico, impossível saber se a espiritualidade tem origem humana, se os seres divinos têm forma.
Basta apenas ter fé em como ele olha ao redor, e então se lembra de que é apenas amoroso o seu sentimento, mas o amor, em sua fina cegueira, não importa se as coisas não são o que são sentidas, porque elas são como são sentidas.

6.
É tempo de estar com o filho, agora, aproximar-se dele. Confraternizar esta noite, e de longe procurar sua amada. Uma inevitável insegurança paira, pela distante jornada dela agora, e agora estando bem, guardando o seu amor para outra hora, José medita e sente — há de ser racional e intuitivo, prosperar

em todos os meios, para assim trazer-lhe a mais fina flor. O lugar inevitável é o fundo do coração, o seu amor mais belo, e então refletir isso diante dos olhos dela.

É preciso guardar, resguardar, aguardar o momento propício, provar-lhe a imensa sinceridade. Ao mensurar uma coisa explicita-se um limite, o que não é o caso.

7.
Acordar de madrugada, agora não ocorre mais. Nada mais há de temer por revolta à solidão. Nada mais triste, pensou, do que um lugar tão deserto que nem existisse solidão. O álcool não o invade mais.

SEGUNDA HISTÓRIA
Contos da caravela

FINGINDO-SE DE CARAMURU
(Recuperação da loucura, ou – O naufrágio)

1.
    Estes são seus pés, cada vez mais próximos à vida que tanto precisava recuperar. Não por uma chamada do esoterismo ao que simplesmente é incompreensível, e sim porque a cada camada, a cada fragmento de uma pequena certeza psíquica, se poderá construir o seu próprio caminho, e não o que não fora, por um princípio qualquer, preparado pelos deuses. Os deuses existem, mas são pura energia, e só pela vontade humana é que se poderá moldá-los à nossa sorte.
    (Seguindo seu caminho, foi parar numa praia, onde estaria a mais bela moça que imaginara — hoje uma bela senhora — e sonhou-a "a mar". Era o momento tão esperado de sua vida, e por pouco já não soltou as rédeas de um cavalo antigo, de cuja tenuidade indescritível a este fio poético por fim abandonaria. Passou sim a ter certeza do que era vinculado a isso, um código indecifrável para os outros, por ser poético.

A ORIGEM DO AMOR

E quando se disse assim, "poético", pareceu-lhe ser mesmo esta a palavra exata, ligada à sabedoria dos antigos, e ao indecifrável pela tenuidade, de sentimento natural e científico — ciência que não lhe custava revelar agora.

Quem se apresentava nesta praia, pois, era semideusa, filha de ninfa com mortal, e em pensamento ele lhe prometeu estar sempre ao lado, e também alertá-la de uma possível cilada, contra a qual não poderia deixar de lutar contra, e vencer, na hora apropriada.)

A tal história viria de longas vidas, mas já não acreditava em outras que existissem além desta, desde o tempo em que saíra por barco de um continente distante. Era como se o mar fosse muito mais bravo do que podia imaginar, seduzindo-o a promessas de voltar à casa em troca de uma derrota, que afinal durou o tempo dela, mais do que o necessário, o tempo de não ver saída, e trocar a segurança do calabouço por uma arriscada fuga, da qual não se lembra de ter voltado vivo, mas de estar nos braços dessa ninfa, com a certeza de estar vivo, e aguardando um futuro promissor, vivo em sua vida, que afinal veio a ser a da história de um retorno.

Desde o distante cais em que partira, sua intuição dizia que alguém o esperava do outro lado, e que de lá ele seria o Império conquistado, mas pelo avesso, a modo de uma colonização negra na América. Depois de libertado, adaptou-se bem à vida do novo império, retornando apenas uma vez a Portugal, e levando consigo a índia pela qual se apaixonara, mas ambos preferindo instalar-se por aqui mesmo, assumindo os riscos da formação de uma nação pobre e podre, que receberia o que de mais desprezível havia na civilização ocidental, e também o que havia de conhecimento profundo, só que passado a cada geração pela sutil indissolubilidade de que é feita a matéria, atravessando a história sem se manifestar poderosa.

2.
Ao cabo da primeira viagem, já havia descoberto a real finalidade disso tudo. Se antes imaginava ser o que mais queria, quando veio o anjo e resolveu nascer tão próximo, a afinidade com o filho passou a ser imprescindível e natural, como imaginava, quando era ele e seu pai, agora seu pai e ele.

No emaranhado de matos por que passara a atravessar diariamente, já tomando conta do Gi com tamanho suficiente de corda, e a voz mais grossa, podendo dizer o que queria, se a vida oriental lhe era diferente, eram só as raízes ocidentais o que fazia parecer assim. Antes esteve em um porto, o de Macau, China. Nas ruas estreitas e escuras já se perdera várias vezes, mas à época não se importava tanto em ganhar tempo. Pertencendo àquela imensa máquina burocrática, sua produtividade já pouco importava, e o que revertia em alguma coisa era o fato de estar ou não atento aos lances, conhecendo as mulheres, e tendo informações da Metrópole.

Já no mato, não parava para ver borboletas, mas tinha consciência de cada uma que passava. Transformava aquilo em brilhantismo, mesmo que só para si, alimento de uma coisa que era guardada, não sabendo para quando e onde, porque era tudo dentro. Via passar os pássaros e alguns ele flechava, voltando orgulhoso para mostrar à amada, sinal de adaptação do homem, que podia ensinar muito mas também aprender com aquela gente.

Voltando à história do calabouço, do momento em que fugira até sua morte, já não tinha nenhum medo mais forte, por mais que se emocionasse, e a sensibilidade estivesse apurada: era uma coragem só. E havia idade para isso, muitos anos pela frente, promessa de muita felicidade também.

E veio. Veio como uma lágrima forte o momento de ser feliz. Não era uma lágrima mas uma cachoeira de luzes, que vira nos olhos dela quando pela primeira vez os seus nomes foram pronunciados como de uma só pessoa, pessoa esta que estava sólida e unida, de nome Felicidade, casal, o amor. E ali estavam, vivendo o amor sereno, aguentando os trancos, desviando dos barrancos, com o tempo sempre a favor. O vento empurrou e lá se ia o barco deles, de vela aberta, rumo à terra ou ilha mais próxima, e foi assim que chegaram ao Rio de Janeiro.

Na lagoa, àquela época, havia uma enorme quantidade de bichos nadadores, tapires, patos, tartarugas, e conviviam assim com eles sem deixar marcas, e muito menos as sujeiras que se veem agora por lá. Depois de mais de meio século foi que voltaram, para que no mesmo lugar renascessem suas vidas. E era coisa mais simples do que se imaginava, passar o tempo, passar o vento, e passarem eles a integrar a natureza.

Não havia por que negar o reencontro, o receio que tinha de não ser bem-aceito esvaiu-se, restando apenas a chama do fogo aceso, a necessidade de que também expusesse suas vontades nas revoluções de um mundo que gira-gira, agora mudado, agora mais humano, com homem e mulher se fundindo em um androginismo que ao menos se mostrara como tendência. Não era o novo mundo, mas o velho que se modernizara. Com muito amor, sendo amor o que a chamava, e ela vindo, sempre, ali estavam.

3.
Suave era o abrandar da brisa, diminuindo a ansiedade deles. Era preciso o silêncio para ouvir o dizer próprio das palavras, era preciso ouvi-las em silêncio, ou seja, pensá-las. Suave era também o alternar de suas falas, como numa divisão celular, afastando-se do velho continente, a língua deles também mudou. Ficou mais arcaica nos locais de pouca penetração turística, e de pouco acesso ao comércio, como o sertão.

O amor entre eles ia e vinha, ganhando as ondas do imenso oceano, às vezes esquecendo-se de que eram um para o outro, mas sempre ganhando onda e, depois, terreno. Já não se preocupavam em vigiar o território, estando bem um com o outro, super-outro, superando os outros, ah, isso não... Já os aflitos intérpretes da nova nação preocupavam-se em mostrar que estavam a par e cientes de outras coisas — mas que coisas?

Iam e vinham: entre os índios e crimes contra eles, eram mais eles mesmos, e um pouco melhores. Estranhavam-se? Era imperceptível e pouca diferença fazia, pois em matéria de namoro nunca deixaram de fazer nada. Coletavam as pequenas riquezas, e lá estavam, instalando-se no que antes era pedra. Era duro o tempo em que não a conhecia, e só hoje percebe o quanto.

E por falar em amor, vive ainda na terra um pequeno grupo de pessoas, parte de uma tribo futura. No meio deles, os caciques preparam a ceia, executam-na, pedem apoio e logo saem vitoriosos. Sentindo o calor das nuvens, o frio da chuva e vento, eles logo se preparam e mostram como fazem. E aí se dão bem, o amor prospera e conquista novos adeptos, eles nunca param de se amar. É do gostar mútuo que o amor se expande, numa reação física natural dos processos de criação.

Aqui vale a pena lembrar uma lenda:

Havia aquela joia no topo de uma tenda, visível conforme a posição do Sol, que refratando as ondas produzia dentro desta tenda o efeito de um arco-íris, uma cortina que demarcava o espaço onde se realizavam as conversações mais importantes. Lá eram recebidos os reis ou representantes das nações vizinhas, e traçadas as estratégias de fortalecimentos mútuos, as uniões, ou guerras, que naquele tempo eram muito raras.

Eram raras as guerras, mesmo porque, eram travadas no

A ORIGEM DO AMOR

nível das palavras e gestos, quando muito nos jogos de azar, mas mesmo assim eram pequenas as alterações materiais advindas do resultado delas. Isto porque não havia muita distinção entre o ser e o ter, os pertences de cada um eram diretamente proporcionais à produtividade e capacidade de administração do indivíduo, que tinha o seu reconhecimento a partir do valor que se dava, da sua energia em si. Não havia papéis, acordos, mas principalmente o olhar, que quando era manipulado também se desmascarava com o tempo.

Um dia estava o dono desta tenda a receber os melhores amigos...

4.
    Naquela noite havia amor, e pareciam os homens estarem admirando um novo fenômeno natural, o das ondas agudas em comunicação direta com o lado emotivo do cérebro, não de si, mas dos que estavam ao redor. Desceram a nuvem pela encosta da serra, com um movimento rápido e culminando na dispersão à volta dos reflexos solares na montanha. E vinham os dois da pedra, com os pés na água a caminharem de volta à casa, encontrando-se as visitas familiares sem qualquer alteração.

    (Estando o sonho mais uma vez em choque de mudança — para melhor, sem dúvida —, seria necessário explicar aqui o grau de parentesco com determinada figura ...)

    Voando no balão, cumpre lembrar que um século antes, o mundo que podia ser descrito por um poeta de renome era muito diferente do desta época. O poeta de renome atual cita o poeta antigo, e com seus versos foi capaz de mostrar o mundo mudado. Atenhamos à poesia de hoje, no que diz o segundo verso. Quem saberia que o mestre da aviação era também um grande estudioso de balões?

    Voando no vento, seu amor e ele saíram daquela ilha.

Deram-se conta de que a grandiosidade do mundo é medida não pelos traços da relação entre eles, nem das suas individualidades, mas pelos fatos de si mesmos, embora tivessem nas mãos as rédeas expostas para fora, para dentro, para fora. Saíram ao mundo para fazer parte dele, e então as novas resoluções internas passariam a ter esse deslocamento leve e natural, porque no deslizamento externo estaria a saída. Ou seja, estavam bem quando deixavam de se perguntar sobre isso, movendo-nos mais amplamente.

5.
Bate uma brisa e ele agora a vê mais claramente. Não é hora de parar o bonde, esperar o mundo, mas de continuar a mexer os pauzinhos neste embalo natural. Os dados são estes: há um ruído de comunicação que precisa ser sanado. Se houver consequências ao conserto, aturá-las é melhor que adiar o problema.

Voltando ao barco, estavam naquela noite de lua clara atravessando a superfície ondulada quando viram de longe a ilha mais bela das que se podia imaginar, e para lá rumaram. Seria uma parada rápida, de investigações e procura de alimentos novos, mas encantaram-se com o lugar e ficaram por mais tempo, aproveitando o sabor das frutas e o banho gostoso daquele lago quente. Havia nela uma imensa quantidade de animais domesticáveis, dos mais diferentes tipos, e por isso mesmo resolveram não declarar guerra, não comê-los, mas manter a amizade até que resolvessem qual o melhor proveito a tirar.

Mais aliviado, pensou agora em tirar proveito de suas memórias, mas não como necessidade... A memória tem de estar apaziguada: não muito requisitada, e como coisa neutra, sem tantas oscilações interpretativas.

De que foi menino, todos sabem. E de que tinha as suas inseguranças e prazeres, mas acima de tudo estava sua vontade de conhecer o mundo. Fascinava-se em ver as representações do que não estava ao alcance nem no tempo e nem no espaço: os dinossauros, por desenhos que se mexiam. Na condição de adulto ele consegue se recordar disso, mas não por puro devaneio: para entender que as necessidades atuais são só uma variação daquilo.

Não há nada que canse essa ansiedade de querer sempre conhecer mais, e nem mesmo a racionalidade em estabelecer o que é bom, o melhor projeto de vida. Ele estava no cais. Não dava a mínima importância para a pátria portuguesa, a não ser na frente de quem queria ouvir isso. Era a sua vez de embarcar e deu adeus ao mar daquele litoral, que só realizaria o quanto era feio quando conhecesse a costa brasileira.

6.
Como dizer o que se passou depois, sem ser a partir de um posicionamento (que é sempre relativo, mesmo quando feito por dois observadores)? Nas naus, nas madrugadas, continuará sendo ele mesmo. E foi anotando mais alguns de seus dizeres.

O otimismo com que chegaram ao novo porto foi sendo logo diminuído à força, mas não deixou de ser saudável ver todas aquelas índias pela manhã, não tendo do que ser acusado, porque nada queria de lá. Mas era esta, justamente, a acusação: a sua indiferença, o mau-exemplo aos novos aventureiros, animados com a ideia de reproduzir em terras amplas uma nação antiga.

Mais do que estranho ao lugar, era-lhe questionada a própria procedência, como se viesse de um horizonte desconhecido. Não deu trela às primeiras provocações, mantendo o jeito fino e educado, embora suspeito pela perda de arrogância, de falsidade ideológica, autodestruição e outras coisas assim.

Tiveram de se distanciar de lá, de uma maneira pouco convencional. Na medida em que alguns tipos humanos confusos avançavam em sua direção, era suspeito de tentar organizá-los para um motim (e fazer um motim naquele sistema tão burro e desordenado seria muito fácil). À suspeita de revolução foram teatralizando um truque de códigos, de movimentações rápidas, no fundo uma estratégia de guerra, só que apenas para usufruto próprio, de causar emoções fortes, em nós e nos outros, mas evidenciando a nossa força. Estava claro que estávamos nos autodestruindo, favorecendo ainda mais os outros, mas não deixava de ser confuso para eles.

Logo foram aparecendo novos adeptos, beirando o incontável, através dos conhecidos dos conhecidos. E isso ele vai querer contar, e descrevê-los.

7.

De dia rebrilhava a luz do amanhecer, e mal saíram do cais, deram de cara com um fulguroso mar de longas ondas — do jeito que ele mais gostava —, e resolveram prosseguir viagem. Pescaram um enorme peixe, que deu para o almoço de todos. Paisagem já tão igual, entardeceu e logo se fez noite. Fez-se amor, e foi pela primeira vez sobre o movimento das ondas. Desde que saíram, tinha essa curiosidade. Nunca havia amado ninguém daquela maneira, e quanto mais aventuras, mais forte o envolvimento.

Meio a estes episódios, vale lembrar os momentos de amizade que manteve com um homem que em muitos aspectos era semelhante a ele, mas muito mais autodestrutivo (desde que o conhecera). Àquela época isso não o tocava tanto, mas agora, que o acompanhava há dez anos, sim.

Era como se morassem em uma caverna, naquela mania que tinham de embriaguez e outros vícios. Por vezes saíam, entre uma droga e outra, para ver a luz do dia, quando José mais dava sentido às suas realizações, mas a cumplicidade deles era marcada pela coragem com que ficavam tanto tempo dentro da gruta, e com tanta frequência. Eis que um dia ele se deu conta de que não só a profundidade em que adentravam já era imensa, como também que o simples fato de permanecerem por um tempo acentuado fazia com que a distância entre onde estavam e a saída aumentasse. Quis ir sozinho ver a luz do dia, e embora identificasse nela todo o seu bem-estar e a produtividade, não passava tanto tempo fora da caverna, e muito menos o seu amigo, que já quase não saía, forçando-o a acompanhá-lo pelas profundezas em diversas ocasiões.

Atento ao que diz respeito a todas as pessoas, passou a cultivar hábitos saudáveis, identificando neles a formação de uma personalidade teórica que transitasse bem nos meios variados. O que queria dizer com isso? Que de tanto se autoanalisar, perdera a vergonha de manter a unidade.

A história onde queria chegar, quando falou desse amigo aprisionado, que desistiu de lutar contra isso (por uma indiferença muito maior que a sua), é que passou a receber a luz de uma lucidez promissora. E a logo guiar-se em sua direção. Por causa dos muitos mares atravessados, e desertos, na verdade, tentava agora transformar os calos numa casca sensível, o que seria impossível.

8.
Fora como vento de barco a primeira vez que andou a cavalo (e ouve agora a trovoada, vindo do lado direito).

A vez que decidira empreender a primeira viagem, não sabia quanto tempo ficaria na selva. Levara apenas uma faca, e o cocar ganhado de um guerreiro, que era pra dar sorte. Ou melhor, levava também as suas botas e o que restava da roupa de quando chegara ao Brasil. A primeira coisa que comeu eram frutas, não tão longe da aldeia, um lugar muito visitado pelas crianças.

Sabia que havia mais portugueses por ali perto, mas não era exatamente o que procurava. Foi no terceiro dia que avistou, de longe, uma campina grande, e o movimento de animais que só podiam ser cavalos. Resolveu ir naquela direção, mesmo que não houvesse chance de chegar perto deles. Quando alcançou o lugar, eles já não estavam. Resolveu que passaria a noite por ali. Dormiria em cima de uma árvore para, se tivesse muita sorte, e eles estivessem por lá de manhã, saltar em cima de um. Escolheu um galho baixo, para o caso de cair durante o sono. Foi o que aconteceu: ele caiu. Mas estava muito escuro, e caíra em um arbusto macio. Não tomou nenhuma picada, ou sentiu qualquer tipo de perigo, então passou o resto da noite ali mesmo, no chão.

Foi quando acordou com a lambida de um cão. Era o primeiro cão que via desde sua chegada ao Brasil, e imaginou que haveria homens portugueses por perto. Ficou parado, sentado, por um bom tempo com a mão na cabeça do cão. Não apareceu ninguém, mas notou, sem medo, a aproximação de cavalos.

Quando ficou de pé, eles se afastaram, mas não para muito longe. E andou, devagar, na direção deles. Eles continuaram andando, e então ele parou de novo. Decidiu observá-los pelo tempo que fosse necessário, alimentando-se só de cajus, raízes, e de um pássaro que pôde matar (conseguira capturar esse pássaro com a camisa, em uma armadilha, mas havia pouca carne nele).

Depois de uma semana, acordou com um cavalo a dois metros de si. Havia nele ferimentos de cela, mas já parecia totalmente selvagem.

9.

(Passava agora voando uma ave, e daquela nave que se via ao longe por outras paisagens, José pareceu admitir no passado e futuro revisitáveis uma única solução: avisar-se logo.)

Sobre agora uma nova onda, sua nave navegava rumo à África, para de lá voltar à terra natal. Percebe-se nos marinheiros uma euforia que logo contagiará os comandantes, agora não tão preocupados em manter a ordem e obediência, mas em manterem-se vivos apesar do fogo de ansiedade — principalmente no que se refere à sensualidade — que os consome.

Chegando na África muitos se manterão austeros, robotizados, mais voltados para o que encontrarão em Portugal.

10.

Certamente vai se lembrar com gosto de todas as vezes que aquela nativa de cultura dionisíaca o acolhera, e sempre daquele jeito muito mais carinhoso. Quem diria que naquelas profundezas da selva... Ou melhor, acho que só lá mesmo é que seria possível tamanha desenvoltura.

Enfim, além do gavião de estimação que o salvara duas vezes (uma das abelhas, e outra da cobra), o que mais se lembrará da região é mesmo dos namoros, com a nativa de corpo assim delicioso, sabor de mel na sua pele, peitos bem proporcionados e inchados a cada vez que o via se deitar à rede.

Jamais pensou em forçar nada com ela, em nenhum momento. A cada vez que preparava a rede e se deitava para experimentar, ela já parecia estar feliz, e pronta para o amor. Agora se lembra bem, que foram ao menos duas vezes em que dormia e de repente acordara sentindo o prazer de estar sendo muito bem-cuidado.

O sexo fora se tornando cada vez mais natural e espontâneo. Ela parecia não querer desperdiçar um só momento dessa liberdade, a de se entregar aos prazeres do corpo. Ainda nos primeiros meses de namoro acontecera uma cena incrível (mas não vale a pena tentar aqui descrevê-la).

    Não precisaria dizer que quando acordou, continuava a fazer amor, sem nem se aperceber. E houve outra vez, muito tempo depois, em que se fez questão de continuar naquela posição... Lembra-se bem disso, e lhe faz bem, agora que está só, no navio. E também daquele episódio em que desciam a... Foi quando algo a tentou primeiro, e ele não resistiu.

MORTE DA AVÓ

1.   Como se fosse possível comparar o que haveria depois da vida com o voo de um pássaro, quando *refez-se* da distração, viu de cima o mar se afastando quase verticalmente, e na realidade do avião a ganhar altura parecia uma novidade o litoral fluminense dos arredores de Niterói, e então lhe veio a memória de uma escarpa, talvez repetidamente sonhada e que remetia a uma vivência real da época em que seus pais começaram a se separar.

Era uma ocasião rara em que era o único dos filhos a acompanhá-los, o que talvez fosse muito especial para si, e estavam a subir as pedras do final de uma praia, andando pela beirada daquele amontoado e depois junção inclinada de apenas uma (ainda não tão fragmentada), de travessia cada vez mais perigosa.

Começou sim a achar muito perigoso quando via o mar ali batendo e seu pai avançando de maneira cada vez menos responsável (era o que sentia), chegando a pedir à mãe que não andassem mais a partir dali (e ela talvez quisesse mesmo ficar por perto, avançando apenas mais um pouco em direção a ele). Sabia que a conversa entre os dois era de separação, porque havia prestado atenção a certas palavras, enquanto andavam de carro. Mas essas pedras numa ponta de praia talvez não fossem no litoral fluminense (se o fossem, o seriam mais provavelmente em direção ao sul a partir da linda cidade), e sim nas proximidades do Guarujá.

O mais marcante de toda essa experiência que antecedia os últimos momentos de vida de sua avó eram as últimas palavras ouvidas da boca dela, num esforço de controlar a garganta para ser escutada em um chamado à mãe, várias vezes. Talvez a última e mais importante memória que ela tivesse fosse essa, de quando aprendeu o nome que deveria ser usado para que sem falta fosse amparada por aquela que a gerou.

Havia muitos sentimentos envolvidos no convívio familiar ocasionado pela dramática (e anunciada) fase de ocaso da vida daquela que era a mais antiga e comum parente, antepassada de todos, a avó, de quem pôde ao menos (e mais do que isso seria impossível) segurar bem a mão e fazer carinho com a outra em seu braço, e por fim tocá-la em seu ombro, o que representou sua despedida, naqueles últimos três dias em que a veria viva.

2.
Por toda sua vida (enquanto estiver lúcido) ele terá na memória a imagem tranquila de sua avó Clara sentada em uma cadeira branca de jardim, a olhar para o mar e o tempo, assunto

A ORIGEM DO AMOR

das muitas conversas que tiveram, às vezes olhando para si e para a igreja de Santo Antônio, com o forte de Santa Maria e a Ilha de Itaparica atrás compondo a paisagem mais bela e interessante de que se tem notícia.

A conversa era sempre simples, e muito boa porque simples, e porque no subtexto dessa imagem havia a mensagem simplificadora de que na vida há sempre vida, e é ela o que vale a pena — frase do poeta Fernando Pessoa, de quem ela talvez gostasse. Outro de que talvez gostasse era o Caetano, poeta das luas claras nas varandas e palmeiras na estrada, e que fala de seu tempo, compositor de destinos — e no caso desta avó, Clara, compôs o destino seguro de uma vida feliz.

A avó pôde se despedir de todos com muita calma e segurança, durante anos, permitindo que se fizessem homenagens silenciosas a ela em vida — homenagens pelas quais demonstrou sentir o carinho, uma a uma. Se ainda estivesse viva, repararia que na missa de despedida havia os saguis por cima das árvores, e notaria que até as plantas pareciam mostrar sentimentos.

Vai sentir saudades e querer a saudade que é boa dentro de si, como coisa das mais preciosas que a vida lhe presenteou. Sabe que se ela ainda pudesse dizer alguma coisa para ele, seria no sentido de uma boa relação familiar, de cuidar bem de seus filhos, com quem ela também nutriu uma relação muito forte e especial.

3.
Quando a lágrima desceu, ele olhava para o padre, que naquele momento também olhou para ele (e talvez por isso fizeram questão de depois se despedirem, um do outro). Mas a missa continuou, e à frente, os parentes mais próximos, filhos, netos, alguns bisnetos... Um pouco atrás, parentes mais distantes e amigos. Havia pessoas que trabalharam para ela, reunidas

em um canto mais atrás (entre a roseira e a construção), mas isso não era uma regra, tanto que na hora de todos se darem as mãos, ele estava ao lado de um dos trabalhadores (de quem a avó parecia gostar), e de seu pai.

Mas só ele reparou — tem quase certeza disso — que ainda um pouco mais atrás, por cima de todos, estavam também aqueles saguis, quem sabe curiosos com a multidão, mas assim a prestar homenagem a quem ao menos os viu, ali, fazendo parte do santuário (assim o adjetivou o padre sobre o lugar que tanto dizia respeito ao grupo de pessoas, e que por muitos anos reconheceu principalmente a avó como moradora).

A ORIGEM DO AMOR

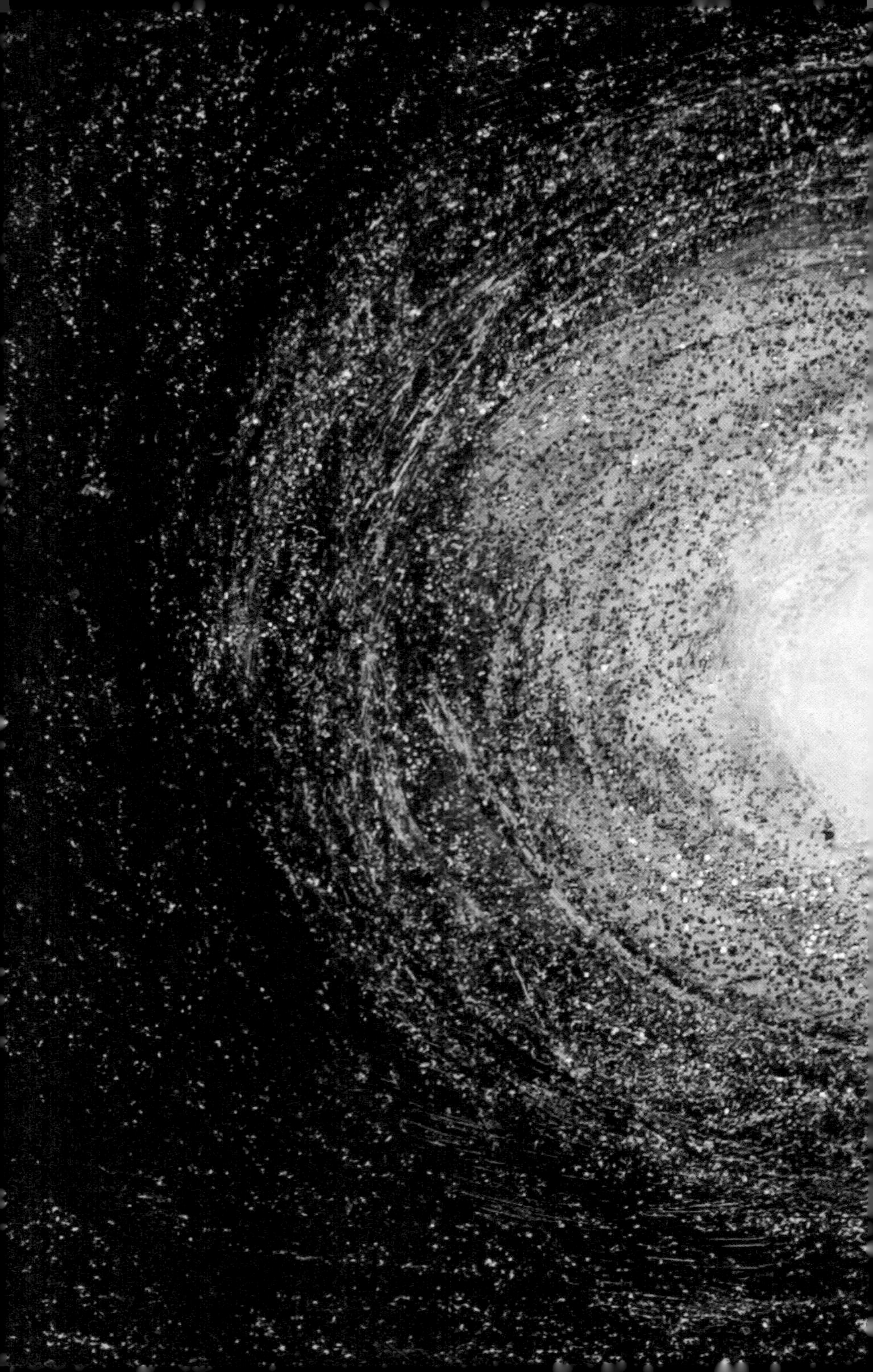

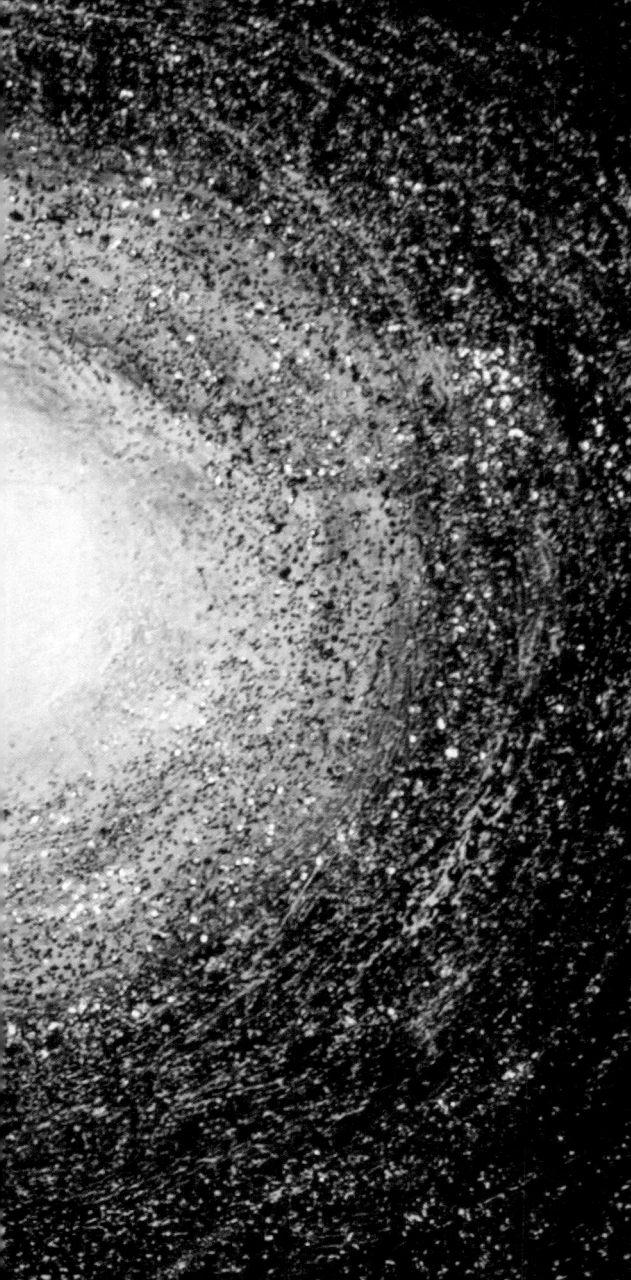

FRAGMENTOS DA
VIDA ROMANCEADA

CONTEXTO INICIAL: FLAMBOYANT

UM LUGAR DA INFÂNCIA

Era debaixo da copa da goiabeira, o lugar que se queria lembrar. Hoje, vendo bebês, vem-nos a nítida impressão de que quando éramos carregados no colo já sentíamos preferência por aquele pedaço de terra. Torcíamos para que o adulto que estivesse junto adivinhasse e se encaminhasse naquela direção.
Havia uma dose de magia e transcendência.

A SAGUI E A ÁRVORE

De dentro da gaiola a sagui me olhava, com olhos fundos de reconhecimento e medo, contemplação do porvir. Atravessávamos de bote as águas calmas dos confins do Recôncavo, e ela não desgrudava os olhos de mim. Chegando à ilha, eu passeava com a gaiola por alguns lados, hesitando em abri-la, porque tinha medo que a macaca fugisse, sem estar acostumada à sobrevivência na mata.

Eu estava sozinho e me dirigi àquele lugar — só identificado por mim como vital à minha essência pelos sonhos de vinte anos depois — com a gaiola. Abri a portinhola e observei, de menos de um metro, que a macaca continuava a me olhar. Quando pôs a cara para fora da gaiola, deu mais alguns passos, lentamente pelo pé da goiabeira.

MOMENTO DE VERDADEIRO AFETO

Sem eu saber se a macaca fugiria, deixei-a correr pelos galhos da goiabeira. Nesse momento, minha prima se aproximou e passou a observar a cena. Perguntou se o bicho fugiria e eu disse achar que não. A sagui me olhou lá de cima, começou a descer os galhos em minha direção. Quando já estava perto, pulou nos meus cabelos e desceu para o ombro, para em seguida adentrar a camisa, e mostrar que sim, estava me reconhecendo. Meus olhos se encheram d'água e fiquei de costas para minha prima.

Depois disso a macaca foi comigo até Salvador, onde reconheceu a casa, ficou solta, corria na minha direção para entrar na camisa sempre que me via, e aprontou algumas brincadeiras diante de toda a seriedade local, até um dia sumir.

MORADOR DO BRASIL

O colorido de Salvador é parecido com o da Índia. Não conheço a Índia, apenas de fotos, mas há outras coincidências paisagísticas, como os coqueiros e as mangueiras, vindos de lá. Também o nome "índios" dado aos primeiros habitantes lá vistos, por acaso. E também a religião que chegou, o Candomblé, depois de atravessar o Oriente Médio e a África, sincretizou-se.

Salvador e São Paulo fazem parte de uma paisagem maior chamada Brasil. Se Salvador é muito mais bonita — e mais bonita ainda é a cidade do Rio — São Paulo é a mais desenvolvida. Em São Paulo se pode atravessar a rua quando o sinal está verde para o pedestre, mesmo não sendo raros os brutamontes assassinos do trânsito. São Paulo reúne uma grande população que ganha acima da média nacional. Tudo isso faz parte de um país entre belo, surrealista, dos mais cruéis, e imaginário enquanto relativa a impressão que se possa ter. O nome vem de pau-brasil, um produto explorado pelos portugueses durante o primeiro ciclo econômico: uma madeira avermelhada que lembrava brasa, e daí o nome, mas os portugueses foram tão predatórios e esfomeados que poucos exemplares de tais árvores persistem. Hoje o nome, por negra coincidência, parece lembrar as nossas florestas de fogo ateado, atemorizando quase toda a humanidade.

Neste imenso país há banhos de alegria, festas por muitos lados (não conheço o resto do mundo para saber se seria igual), artistas brilhantes e uma grande quantidade de golpistas, malandros, malfeitores cívicos, cínicos e predadores em geral. Há também praias de nudismo, casas de massagem, fios elétricos — de 110V e 220V — carroças, cachorros, bananas, muitas coisas mais.

É uma cultura complexa. Descoberto por volta de 1500, é surpreendente e agradável notar que uma mesma língua se fala e escreve por imenso território, sendo algo como cento e cinquenta milhões de pessoas a sua população. A língua foi trazida pelos portugueses, oficializada na península ibérica pouco antes do descobrimento, chamada de neolatina, porque é na verdade um latim vulgar.

Outrora o também tupi se estendia por todo o litoral. Vulgares também são os prédios ditos neocoloniais, na linguagem coloquial dos novos ricos que não entendem nada de arquitetura. Tamanho mau gosto se estende nas periferias de Campinas (no estado de São Paulo), Ceará etc. etc.

Há já uma cultura enraizada, um pouco por institucionalização, mitos ditos brasileiros, uma literatura da qual nos orgulhamos de ser bem nossa, uma música pasteurizada enganosa e uma música dita nacional, mas que só existe por acaso. Há sim, os sambas de Noel Rosa (que este narrador mal reconhece), Adoniran Barbosa e outros adeptos.

UMA PEQUENA REFLEXÃO

    O brilho sobre o meu amor foi sempre acompanhado pela música de um nobre poeta, C. V., pois logo percebi que aquela áurea era a exalação do homem que precisava crescer, estando dentro de mim. Quando o tempo se tornou propício, voltei a São Paulo, já sem namoradas ou macacos. Tive uma adolescência dura, de muitas solidões, com o incômodo do sexo querendo ser saciado sem nunca ter como. Os meus projetos poéticos naufragavam. Até os dezoito anos eu fiquei muito triste, muito mais triste do que contente, e o pior ainda estava por acontecer.

TRAVESSIA POR UM DESERTO

Esse imenso país chamado Brasil pertence a um continente denominado América do Sul. Nele habitavam povos de costumes diferentes dos europeus, determinados pela natureza local, e mais conhecedores dela. Seus mitos muito têm a ver com os de qualquer parte, apenas mudando os nomes e as imagens. Diz a moderna superstição que existem discos voadores, e que tais aparelhos seriam operados por seres dominadores de alta sofisticação tecnológica. Não por aí, os mais assíduos crentes viam nas luzes do céu a manifestação de um poder espiritual, e tal crença poderia ser manipulada com a formação de quadrilhas religiosas. Só assim haveria a chance dos verdadeiros fortes se organizarem em grupos de defesa e ataque. Mas não foi isso o que aconteceu.

Vindo sei lá de onde, o tal disco pousou no centro geodésico da América do Sul, um lugar do Brasil chamado Chapada dos Veadeiros. Dentro dele estava materializado um ser, com aparência de índio, previsto pela umbanda com o nome

"Oxóssi da Mata", o mesmo ser que outrora atravessou mares e na imagem de São Gabriel informou Maria de sua gravidez.

 Acontece que na época dos descobrimentos houve um português, nosso antepassado, que ludibriou os índios com a promessa de que através de seu corpo se manifestariam as vontades do deus dos trovões, Caramuru. Diz a lenda que ele matou uma ave, foco feminino desta triangulação, com um tiro não bem de canhão. Bastar-lhe-ia uma faca, um mero reflexo na natureza, para demonstrar aos índios um pouco dos seus poderes, de detentor da tecnologia ocidental.

 Em torno da fogueira ele começou a contar histórias futuras, de um jovem que para "caçar a si" peregrinaria as partes da futura nação, afugentando os males e laçando o que lhe fosse necessário. Este caçador de si se tornaria amante platônico de uma cantora de rock, já morta, diria o poeta, "deus-morto fêmea, língua gelada". Através de esforços se ressuscitaria, anos mais tarde, aprendendo a disfarçar o que dentro de si não lhe convinha, resgatando os belos tempos de quando era mais jovem.

VIAGEM AO CHILE

O que faria um continente se afastar do outro a tal velocidade? A acomodação das placas tectônicas coincide com uma teoria: a da termodinâmica, em que dois corpos de diferentes temperaturas, quando em contato, tendem a um equilíbrio de temperatura intermediária. Da mesma maneira os movimentos buscam o estável, a inércia, o movimento unido, que se confunde com o parado.

Vimos os Andes, e lá de cima era compreensível o delírio por rarefação do ar. Que coisa interessante! Lembrar que estivemos lá, ao pé do Aconcágua, numa excursão de aventureiros (o que torna mais otimista qualquer vontade de se desenvolver uma memória).

Nada mais branco do que a neve. Eu que prefiro o calor reconheço que o sono pesado do frio favorece o crescimento. Tive muitas taras naquela viagem: lembro de quando olhei da janela e vi aquele belo par de pernas argentinas, precisando logo manchar as paredes.

A CIDADE EM QUE VIVO

    Um dia saí de casa meio apressado, com os gostos amargos de café e cigarro na boca, sem ter dormido direito, um pouco revoltado com alguma coisa qualquer. O meu jeito sério e feroz parecia abrir caminho nas multidões, receber respeito, e assim acalmar e questionar o estado de ânimo. Logo cedo eu havia passado pelo meu grande amor, o maior de todos, que sentiu a braveza.
    (E serenamente, ao voltar à casa, pus-me a escutar música tranquilíssima, lembrando o encontro passageiro que tive em uma escada de banco... Isso tudo se deu em São Paulo, onde sempre acabei morando.)

    São Paulo é o pulo de uma bela manhã para o engarrafamento nas ruas, as filas estúpidas, que aos poucos vão melhorando. É uma burocracia até para o desenvolvimento do saber, e quanto mais para o trabalho... Hoje, quando vejo um produto qualquer, admiro-o menos pela qualidade em si e mais pela capacidade de estar lá. É mais fácil produzir uma peça do que um teatro para encená-la, é mais fácil escrever do que publicar, é mais fácil ser compositor do que ser veiculado.

    (Ela já soube produzir desenhos, escrevendo textos sutis para eles todos. E queria dizer que era parte de sua produção, acabando por conhecer pessoas que tinham mais naturalidade, ou talento, para desenhar. Mas estas acabaram trabalhando em agências de publicidade, desmoronando suas aptidões, e deixando-as apenas para tomar cerveja nos finais de tarde.)

EXPLORANDO UMA MITOLOGIA (A DAS ABELHAS)

A linguagem poética dá margem a muitos experimentos, em especial na nossa língua, falada por tantos e tão diversificados seres. Do sertão mineiro aos negros do caribe, o nosso latim vulgar quer cada vez mais se distanciar da origem comum, mas pelo acaso do casual, o Brasil formou-se como nação poucos séculos antes do desenvolvimento industrial, que veio desembocar na comunicação de massa por um veículo muito difundido que é a televisão. Os programas da *Globo* repercutem da Amazônia aos Pampas, passando pela Caatinga e grandes cidades e, antecipando-se aos linguistas, os comunicadores desenvolveram na prática uma linguagem culta padronizada. Essa linguagem passa a ser compreensível para lá das fronteiras, contribuindo para a homogeneidade da língua em amplo território, brecando a diversificação.

A linguagem poética permite abusos e deslizes, como no exemplo a seguir: ouço/ o som/ que vem/ do ser. De dentro/ do ser/ ouça/ o canto/ espesso/ do espelho/ ao avesso: do puro/

pulo da onça/ sobre a louça/ ouça/ a louca homenagem/ à vagem: imagem/ viagem. À margem/ do brejo/ a vaca/ vai/ sob o céu/ turvo. Etc. etc., que são homenagens a certos homens. A linguagem poética se cria sem leis rígidas, apenas o que se aprofunda pode distingui-la do *marketing* fácil nas comunicações de massa. Carambolas. Caramelos, prefiro sem os preconceitos.

"A avó pegou a criança no colo e iniciou a história da guerra de Troia." Esta é uma linguagem direta, próxima à de Oswald, que se inspirou até nos contadores de piada das rodas de bar. Nada contra, e que nisso tenha se inspirado o teatro de arena, era ao menos uma esquerda aberta, mais culta.

E eu, afinal, o que sou? Conservador? Existem radicais dos dois lados, e uma grande maioria entre eles. Nesta grande maioria estamos a ver o mundo, e a história a se desenrolar. A *História* nunca acaba: não tem tendência única e é sempre enrolada. Assim, volta-se ao ponto dos fatos amorosos que nos interessam.

TOMADA LITERÁRIA, AINDA SOBRE O BRASIL

(Com a vinda da família real fugida de Napoleão, o Brasil passou a ser centro do império português, e pela primeira vez abriu suas portas para o mundo. O que não se sabia lá de fora é que nessa época já fervilhavam os movimentos de emancipação política. A derrota de Napoleão na Rússia permitiu a fortificação deste império, que se estendeu do Alasca — a América russa, só que na mão de aventureiros — até Paris, que por lucidez do Czar não foi arrasada. Havia interesse científico em se conhecer o Brasil, e tudo isso é para falar de uma expedição que foi feita, chefiada por um alemão de nome algo como Langsdorff, que culminou no fascínio pelos índios Apiacás, de que agora passaremos a falar.)

O coração do Brasil é a floresta amazônica, de árvores tão imensas e densas que não permitem a entrada da luz do sol aos que nela caminham.

"(...) Toda a minha paz vem de seus beijos, que serão agora mais constantes, trazendo felicidade."

CRÔNICA DE UM COMENTÁRIO "MALDOSO" (MAS COM FUNDO DE VERDADE) OUVIDO DE PESCADORES

(Eu deveria saber escrever uma tragédia grega. Pegaria os dados da CPI, misturaria com os conflitos de classes, arrumaria tudo e daria um roteiro. Coisa mais simples é o romance, esse belo romance que um dia haverei de escrever.)

Quando a sereia recebeu o impacto do peixe fugitivo em seus seios, sorriu. Nas suas mãos estava o peixe grande, movimentando-se como podia, até que por fome aliada a desejo ela o abocanhou.

De sua cabeça jorrou líquido cremoso e esbranquiçado, e dizem ser mesmo a melhor carne do peixe, a que sai de cima. Era uma fonte interminável de prazer poder degustar da carne, a carne tão doce da garota que não chegou a sair do "beabá" em matéria de coito, minha primeira namorada adulta.

CODIFICAR-SE O TEMPO TODO

(A mente é uma antena parabólica, de três comandos: intelectual, espiritual e emocional. O emocional é o mais primitivo, o espiritual o mais puro, e o intelectual desenvolve em si a capacidade de sobrepujar os outros dois comandos, através do dispositivo "razão".)

"Sou mais forte do que eu?" Ser, envolve não só o que já conhecemos (podemos organizar com códigos) da nossa existência, mas também o lado encoberto, ainda não decifrado. Já o "eu", pronome que justamente tem origem no nome "ego" do grego e latim, restringe-se ao consciente, à concepção material e social. Por ser o outro encoberto, cheio de "mistérios", prefiro dar preferência ao real, o meu pronome pessoal de primeira pessoa, do caso reto.

A ORIGEM DO AMOR

CRÔNICA

Lugar de muitos rios, o Brasil ainda não foi de todo "descoberto". Não sei se ainda existem tribos de índios (fora os gnomos) que nunca foram contatadas, ou encontradas. O que sei é que a maneira de os pacificar (veja que termo paternalista!) é uma ciência que deve ter se desenvolvido mais aqui do que em qualquer outro lugar. Ouvi certa vez que os sertanistas (os sábios Villas-Bôas) agiam mais ou menos assim: primeiro, sobrevoavam a aldeia para avisar do contato, e depois se aproximavam por terra acompanhados de índios "pacificados" com alguma identificação linguística (os próprios índios já sabiam alguma coisa daquela população) ou geográfica. Isso eu ouvi na escola: a excursão se aproximava até o momento em que se sentia os desconhecidos estarem por perto, vigiando os que vinham de fora. Então deixavam vários presentes espalhados: espelhos, pentes, bugigangas de plástico e madeira etc. A operação se repetia até que os índios iam chegando mais perto, deixando também alguns presentes, e uma hora se efetivava o contato. Iam sendo feitos os estudos linguísticos e se explicando aos índios os motivos da pacificação, o significado do termo "Brasil" etc.

(Quando Caetano se estupefata diante da cena do índio subindo à caravela de Cabral, vejo que é coisa ainda atual. Nas aulas para crianças, sinto que falar de coisas que elas não sabem — do tipo a bipolaridade política, o sexo como coisa natural, a origem das línguas — poderia ser igualmente um mundo a se abrir. Antes fosse. Antes elas prestassem atenção e não estivessem limitadas a seus egos e rotinas.)

ÍNDIO E PORTUGUESES EM PARALELO: EMBRIAGUEZ DESTRUTIVA, CORRUPÇÃO E MALDADE DOS COLONIZADORES

Só o fato de mal chegando à costa os portugueses terem dado de cara com vários grupos de índios já prova que a população era muito maior do que o milhão de habitantes que faziam crer. A história oficial trata o continente como descoberto no século XV, sem sequer mencionar o que havia antes. Havia no mundo muitas civilizações, muitas coisas que foram simplesmente invadidas e destruídas.

(Se o mundo é esta merda, eu não sou. A embriaguez amorosa nos enche de boas intenções e esperanças, mas e daí? O que vem depois? *A mim me bastava viver dessa maneira, apaixonado e iludido, longe das doenças.* Que rancor eu teria? O de certa cegueira, por ela confiar demais em pessoas escrotas, do tipo esses "conquistadores", que buscaram me afastar dela. Mas meu valor é raro...)

    Em muitos casos, os portugueses tentaram abertamente dizimar os índios. Eram por demais dóceis. Os portugueses deram preferência à colonização por parte de bandidos e assassinos, instalando aqui o *vírus da corrupção*. Não é difícil verificar o resultado disso: o *espírito malandro* dos que vão descolar cargos em um novo governo. Os que cobiçam a mulher do próximo é que querem a cruz.
    A cruz e a coroa eram as marcas da civilização que se impunha. Em ambos se travestiram os corruptos, como bem mostraram Gil Vicente e outros. Não queremos mais a submissão infernal, nem o vírus da corrupção. Como era doce o meu francês... Hoje falo outras línguas, e espero me lembrar do valor disso. Aritana, eu conheci de perto.
    O que era doce ainda será!

SEGUNDO CONTEXTO – PROSA CONCEITUAL DE APRESENTAÇÃO

MORADORES DESTA CIDADE

No fim da tarde, hora que o mar é calmo, o rumor da onda bem se ouve e é parecido com o grito da torcida de um estádio lotado. Sei disso porque sempre que possível descemos ao litoral, que fica a duas horas de São Paulo. O lugar onde moramos é próximo ao estádio do Pacaembu, em bairro arborizado, privilégio numa cidade como esta. Mesmo com a comodidade de escolhermos locais calmos para as compras, basta circular um pouco mais e descobrimos que esta é uma cidade apertada, cheia de danos, obras de mau gosto e muita dificuldade para a maioria. O que dizer do resto do país? É um país perigoso e belo, pobre e muito espirituoso.

A matéria com que se forma uma sociedade é a mesma dos seres vivos. Segue-se uma tabela periódica e lá estão todos os elementos possíveis, provenientes de uma estrela, nosso Sol, nosso condicionador de trajetos. Abafo aqui algumas considerações existenciais para tecer a ramificação que importa numa história humana, apenas os laços com a sociedade, já tão orgânica, laços afetuosos.

O VAMPIRO

Nada diria que eu pudesse me transformar num vampiro. Mas foi através dessas histórias de amor que fui aos poucos descobrindo que era um. Estava em uma ilha, verificando de cima das árvores a maturidade dos cocos. Vi ao longe uma fumaça cor-de-rosa, que não era fumaça e muito menos cor-de-rosa. A cor era por causa do ocaso do sol, a queda, acaso, e a fumaça eram na verdade nuvens, das que sempre havia, naquela hora em que a maré se estabilizava mansa, mansa, entre vazia e cheia. Logo em seguida viriam as estrelas, depois que o céu se azulasse de tão escuro, até estar negro, e eu sonhei aquilo.

Sonhei que vinha por um caminho, pisando na areia entre arbustos e grama, quando ouvi o som melodioso com a voz pedindo para ser ouvida, daquele canto de mundo, uma mensagem pedindo para ser chorada: eu chorei. Mal terminou a música e me enchi de coragem, imaginando refletir o som, mostrar o que havia dentro dele, capaz de ecoar o apelo para se mostrar ao mundo.

NOVA CONSCIÊNCIA "VAMPIRESCA" (E UM BELO DESFECHO)

(Seguindo princípios, apelou para a voz dentro de si. Não achava que sabia o que queria dizer com aquilo, mas mesmo o tempo desses quatro verbos significava menos do que dizer dentro, ouvir-se, reconhecer a sensibilidade rara que o levaria a persistir na tarefa de encadernar os cantos, dar-lhes volume, organização. Foram cerca de trezentas músicas, e uma a uma podia reconhecer uma de suas vozes, algo repetitivas, algo que só convenceria ouvidos sensíveis que nunca chegaram a escutá-lo.

A ideia de virar um vampiro foi armadilha, um pouco por imitação, outro tanto pelo beco sem saída causado pela solidão, a aflição de não poder se abrir com ninguém, a estagnação por todos os meios, não havia como compreendê-lo. Se soubesse, suas dúvidas eram elementares, sua limitação a de todos, nada podia auxiliá-lo porque não era mais ninguém, o pouco de personalidade se tornou falsa, nem mesmo a lua, o sol do meio-dia, as tardes de vento, nada o reconhecia, era como se o falso fosse o verdadeiro, tudo uma farsa, sem medo nenhum, a coragem de apagar-se e sumir pelo bem da humanidade.)

Se chegasse ao topo do auditório, faria um discurso mais ou menos assim: "Estou aqui pelo bem e mal de nós todos, sou um nada como se nada fôssemos um a um, e a diferença é que estou só, não reivindicando um pingo de solidariedade. Minhas angústias são íntimas e ultraparticulares, nada tenho a dividir com vocês...".

CASO NENHUM

No romance, como na *História*, é improvável um começo que não seja condicionado por evento anterior, algo que também só teria ocorrido como parte de certo contexto, que poderia aos poucos ser delineado. Meu começo não há nem nunca houve, pertencendo apenas à história do mundo, e este à do Universo. Do pouco que sei das teorias astronômicas, haveria uma probabilidade mínima de que eu fosse assim, mas quando ela ocorreu, todas as outras possibilidades deixaram de existir.

UMA JANELA ABERTA PARA ELA

Na infância, havia apenas língua e linguagem.
(Demorei muito a aprender a falar. Isso porque desde que me vi adolescendo, com vontade de ser adulto, foram poucas as oportunidades de me abrir. E não sei se a timidez é inocente ou culpada: eu devia detestar ser tímido, mesmo que possa ter me vangloriado disso em algumas situações. Eu já não admirava meu pai, não o teria como cúmplice, e a neurose consequente disso me levava a uma arrogância em relação ao irmão menor. Quando conversava com algum adulto confiável, tios ou tias, eu me preocupava mais em querer impressionar bem, do que em ser sincero.
Eu era arrogante, orgulhoso, tímido. Eu era melhor que todos, e pior também. Ou não. Eu não me entendia, e ficar calado dava certo conforto, contanto que minha irmã mais velha explicasse para todos que no fundo eu era muito talentoso.)

Depois de adulto é que fui entendendo haver certa relação entre as línguas falada e escrita. A língua escrita era uma materialização da falada, um registro concreto, muito mais eficiente que as gravações, e ouvi-la era pensar. Comecei a entender que os bons oradores deviam ler muito. É verdade que os grandes contadores de histórias, os repentistas, muitas vezes nem sabiam ler. Mas a compreensão da narrativa deles depende de uma entonação que é irreproduzível. Na época da tradição oral, quis-se materializar um castelo de areia, uma duna que o tempo e o vento levavam.

Só depois da escrita pôde-se demarcar sincronicamente uma língua. Uma língua é um texto escrito, unicamente ele porque, mesmo que seja de um mesmo autor, quinze minutos depois ele já será em outra língua. Uma língua é a *análise morfossintática* de um texto *fechado*.

(Custei a aprender a língua oral, porque tinha um ego enfraquecido, remendado aqui e ali pelas personalidades que eu considerava fortes. Isso me custou o enlouquecimento, querer apreender a língua falada dos mendigos e traficantes, da polícia e dos *hippies*. Ao mesmo tempo eu desprezava uma língua considerada culta, a dos professores, porque eles não davam o recado. Qualquer um acha a sua língua a mais completa e abrangente, mais próxima de todos os dialetos, entoações, línguas estrangeiras porque, se o seu ouvido não é absoluto, é o único que se tem.)

O mundo e a vida — para quem tem ouvido — são uma sinfonia. É claro que caí na lábia dos jornalistas e humoristas do *Pasquim*, de quererem uma linguagem direta e comunicativa. Demorei a perceber que os humoristas não são poetas. Eles estão mais próximos é da linguagem das propagandas. A propaganda é um mecanismo sujo de manipulação das vontades. "In hoc signo vinces", "Vini, vidi, vince", não são poesias concretas, mas a venda da imagem de poder de uma civilização dominadora. É verdade que a poesia concreta se aproxima disso, e por isso mesmo ela é pobre. Enquanto houver civilização, haverá política e dominação. É muito fácil, através da instrumentalização de alguns, segregar a maioria da população através da língua. E só assim a propaganda existe. Através da linguagem você fala e troca, doutrina, impõe o seu jogo.

RACHADURA DE UM EGO

(Nem todos os poetas são bons escritores. Naquela época em que percebi não ter discurso, e não saber falar em público por raramente me dar a oportunidade de fiar as palavras, eu tentei ler o livro do Caetano, *Alegria, alegria*, e senti que ele não sabia escrever. E nem eu sabia ler. Era uma constante dispersão aos pequenos jogos de palavras — no que ele era mestre —, sentindo-me incapaz de deglutir aquilo a um só fôlego. Pois eu tinha visto, dois anos antes, um sujeito que dominava perfeitamente o discurso e as coisas que pensava. Ele era professor de português, embora tivesse ao mesmo tempo uma precisão de gestos. Percebe-se: era também um ator.

A rachadura do meu ego aconteceu aos poucos, juntamente com os estalos do meu pescoço. Eu era tão tenso que pedia para não ser visto quando chegava aos lugares, e assim era ainda mais visto. Quando comecei a namorar, de repente me vi dançando numa festa (...). Era como um beque dopado, dando chutões para frente, na bola que era eu.

A rachadura do meu ego se deu aos poucos: eu tinha dezoito anos, (...) continuava não tendo com quem conversar. Quase não sabia qual era a minha opinião, importava a que desse certo. Pelo menos, algumas coisas davam certo. Eu hoje pondero as opiniões, identifico algumas clarezas através dos outros, e tenho muitas certezas comuns às mulheres com que convivo.

Na rachadura que se deu eu fui parar em três clínicas diferentes. Mas a memória de meu irmão estaria em qualquer outro lugar (...). Ele estava num barco, germinando sua árvore — isso são imagens de um filme que não vi, mas é mais ou menos assim: ele nadou e eu não. O culpado pela morte dele não foi a minha fraqueza. Nem talvez a minha omissão sobre o que ele deveria aprender, porque não há culpa. Se errei, foi parte do meu processo, interagido com a vida de todos.

Por falta de aprender a falar eu fui parar em várias clínicas, porque o meu pensar estava mutilado. Na linguagem figurada de um primo...

... o que deve ser conversado com os deuses deve ser falado, mesmo que baixo, porque eles não são capazes de adivinhar pensamentos: os pensamentos são nuvens amorfas, poluídas de outras coisas próximas do inconsciente (enquanto a fala e a linguagem são contextualizáveis, e passíveis de análise sincrônica para um estudioso dos céus).

Na teoria da informação trabalha-se com ordens a partir de um caos inicial, e só por elas se pode dar ciência. Miraculosamente, o pensamento, a fala, pertenceram ao universo, e basta um domínio sobre o tempo para que cada coisa possa ser estudada e desvendada. É tão impreciso guardar na memória uma canção quanto se preocupar a cada gesto com a soma de todos os esforços.

(... escrever jamais será tão fluente e natural quanto

um sentir, por pensamento ou ato. Não será com um lápis e um papel possível escutar o que as palavras dizem, no maior dos silêncios, e nem com uma máquina moderna. Digo mais isso: que com um terno laço de amizade poderei detectá-las, e que dedicarei a essa amizade, querida, tudo o que poderá ser dito.)

Certa manhã, eu estava mesmo decidido a aproveitar o dia. E só sabia o que faria no início da noite, mas até então me deixei levar pela intuição do vento a que iria chegar. Era uma bela oportunidade para flagrar os que sabiam menos, que sempre tiveram fama de saber mais, e eu estaria lá, no mínimo para flagrar isso. Mas eu tinha a intuição de que daria certo, e fui, mesmo dando trela a um bêbado amigo para que fosse junto.

CENAS DE UMA INTERNAÇÃO

Em nome da cruz, alguns cometeram massacres contra negros e índios, e outros os defenderam. Ela precisaria reler e sublinhar trechos do livro de um professor para completar seu raciocínio: de um "cultus", cultivo, culto e cultura. O culto aos mortos, desde o paleolítico, era feito sobre a terra, e a cultura vem provavelmente disso, dos hábitos de cada agrupamento humano.

(... foi como se acabasse de passar o transe o momento em que alguém adentrou meu quarto para falar em internação. Eu procurava achar os objetos sinalizados a cada transe em que eu passava pela casa onde morávamos. Desenhava nas paredes, escrevia, mexia em fotos. Foi como se Jesus Cristo, em seu imenso corpo astral, sobrevoasse a casa e após cumprir todos os ritos, abrir o chuveiro, fechá-lo ou abrir de novo — essa pessoa que chegou logo desligou o chuveiro, mas foi como se já estivesse por ali perto e, como toda a sociedade, tivesse esperado o desenrolar do transe e, quando sentiu a sua suavização, adentrou —, tirei a foto do meu irmão de um crucifixo, salvando-o, tendo-o para mim, como se a alma dele fosse minha e não de Cristo. É certo que estava apoiado em paganismo, sobrepondo-o às leis católicas, vendo na alma de um negro — guitarrista americano que morrera jovem, por causa de drogas — uma força maior que a de Cristo, e todo o meu transe se valia de uma experiência própria de vida, ligada à atualidade, como se na Antiguidade o conhecimento fosse menor.)

    Hoje eu distingo. A tecnologia avançou, a cultura é democrática, vê-se a comunicação de massas, coisas que eram restritas a alguns podem ser didaticamente explicadas e divulgadas nos meios modernos: o computador permite clareza e economia de tempo, mas o conhecimento de si mesmo, as "coisas do coração e da alma", os sentidos, os instintos sexuais etc., são os mesmos (os instintos sexuais podem estar mais deturpados pelo erotismo democrático, com a absolvição dos punheteiros por obra de estudos modernos, e pela questionável afirmação de que o erotismo veio da repressão que interditava a sexualidade). O conhecimento seria assim totalmente individualizado, podendo estar maior ou menor a qualquer época ou civilização.

DEDETIZAÇÃO E CRISE

(Achava Clarice Lispector um pouco chata, principalmente ao ler o conto em que a personagem, depois de muito se culpar pela morte de algumas baratas, resolveu dedetizar a casa e esquecer o problema. Mas agora aconteceu uma coisa parecida. Após ter salvo muitos insetos, em diversas situações, ter convivido mais de dois anos com as baratas, mandei exterminá-las, juntamente com uma casa de marimbondos. Vejo-os todos mortos, espalhados pelo chão, e não me culpo. Qualquer pai teria feito o mesmo, tendo o filho sido picado no mesmo dia em que uma matéria de jornal denunciava uma morte por picadas de abelhas.)

Sou um pai de princípios. Falo o que penso e faço o que falo. Vou ensinar meu filho a ter respeito pelos animais e pelas plantas, a se harmonizar com a natureza (mas sobre a luz do sol, a cor do mar e o movimento do vento, é ele quem vai aprender sozinho).

(Toda crise se inicia por uma paixão — é importante que ela seja esclarecida, mesmo para eventuais questionamentos futuros. Comecei a derrapar psiquicamente, sem as idas e vindas habituais, mas em uma descida incontrolável às profundezas quando não pude mais expressar o que via nela, o carinho que tinha por ela, em um momento delicado dela. Era incontrolável a escolha dos gestos na ordem paradigmática alegria/tristeza, coordenação/descoordenação, olhar bom/olhar ruim, fluência/silêncio. Passou a ser mais incontrolável quando voltei a São Paulo, já tendo previsto o acidente dela — embora meu amigo não se lembre, mas eu contei para ele —, e mais ainda quando viajei para o Norte, mesmo tendo conseguido viver alguns bons momentos ao lado de amigos, e com uma amiga no Carnaval.

Na volta, uma doce colega teve papel importante. Desfiz os encontros com a amiga do Carnaval, com a banda de música mais interessante até então, com as aulas de música e, até onde podia, com a faculdade.)

Quis dizer que nas oscilações espirituais, existenciais de cada um, há um lado pré-histórico, animalesco, bruto e obscuro. As decisões tomadas por pessoas próximas de mim, que culminaram na primeira internação, estão mais próximas do normal, da realidade, do que é melhor para cada um. Se existisse realmente um lado instintivo maldoso em quem preparou isso, de inveja do falo, de ver na figura do pai algo de mais completo do que na da mãe, não teria essa pessoa cuidado de mim, dado tantas oportunidades de eu me recuperar e ser feliz, como deu: foi ela quem segurou toda a barra temporal, esperando que eu me restabelecesse e saísse de casa, mesmo sem compreender perfeitamente o que era necessário para mim a cada hora.

Uma história existe para ter sido vivida e não para ser escrita. (Finalmente agora, quando dada por acabada, será possível narrá-la de maneira sensível e sincera, recolhendo-se os escritos, relatos feitos de dentro dela, para amarrá-la por fio isento. E terá a sua utilidade em si — talvez literária —, mas não por ter ido ao encontro de certas teorias psicanalíticas. Poderá ter o seu marco limite no que houver de desgastante, e a emoção recompensada em divina música... No limite possível estará a publicação de um livro de... *poesia*, tendo necessariamente de desembocar em onda mais suave, como amor platônico e literário por certa mulher...)

EXEMPLO DE UM RELATO

    Silenciosamente, a imagem fixa na mente de um rosto, os olhos fechados ou abertos, a expressão marcadamente pensativa. Pensativa como o movimento de um barco, um barco zarpando silenciosamente, e ganhando o mar alto, sumindo no horizonte. Um sonho com um barco, que sobe e desce as ondas, com suas velas abertas, infladas pelo vento. Velas velhas, e belas abelhas a seu redor, em telas sob as telhas.
    Às brisas que vêm do mar, as abelhas cantam, do nascer ao pôr do sol. Caindo, caindo por um precipício, a história de um disco, um disco natural, de ar, flor, semente, terra, chuva, vento.
    Como se nada mais houvesse, o som do violão unido pelo vento à música que se constrói com a paisagem, cada vez mais bela, do sol descendo lentamente por trás daquelas nuvens. Começa assim...

A ORIGEM DO AMOR

(Estou sentado na cadeira de um bar, de frente para o balcão, onde começo a contar as minhas histórias para a dona ou dono, que se revezam na atenção. Antes que finalize haverá uma intervenção divina, de muita energia concentrada, uma explosão mediúnica, onde numa fração de segundos tudo se revelará, e se apresentará a continuidade para um futuro diferente, com testemunhas secretas e invioláveis, de duplas pupilas vermelhas marcadas há tempos, avisadas no instante da correção dos fatos.

No momento não aceito outro maço de cigarros, pois vejo vindo o avião. É chegado o momento. Dois adolescentes aparecem, com as roupas e a rapidez dos trombadinhas: estão preparados. A confusão se inicia pela fala irada do dono do bar, ameaçando o tiroteio, enquanto eu e outros três coiotes disfarçam atentamente a ação dos jogadores de madeira no meio de campo. O chefe da área dá o aviso e eu começo a jogar mais rápido, com mais jogadas aéreas e fortes. A cerveja está no fim, e a situação está prestes a se acalmar...)

... e então se desencadeia a ação dos ventos.

... Instante culminante, as bolas vermelhas tabelam os olhos na maior velocidade, os trombadinhas vão embora, todos se recolhem, eu começo a chorar. A terra escapou da bomba, os verdadeiros heróis são aqueles, já se reconhecem, agora é preparar e construir a história.

(Vem o jogo de futebol, a ameaça de novo tiroteio, só que o campo é a USP, e há atenção marcada dos funcionários, que se aproximam aos poucos mas dão um mínimo de segurança. Eu só precisava marcar o primeiro gol, e ninguém sabe como isso aconteceu. O primeiro tiro pegou numa lata, na raiz da árvore, e todos já sabem com quem está o revólver, mas há uma ameaça de mudar de mãos. Meu amigo toma a iniciativa e chama o jogo para ele, fazem outros gols e a coisa vai ficando por isso mesmo. O outro amigo intimida o adversário, usando apenas os seus dons atléticos.

Vem a saída do jogo, com meu amigo sempre do lado, o outro margeando, e conseguimos ir até a casa dele, sendo o episódio desbandeirado dos mais velhos, até que retorno inteiro para minha casa. Ainda escapo de um tiro do vizinho, um segurança anota o endereço e entro na casa. No meio da noite levanto bruscamente e ameaço chicotear os gatos que uivam assustados, e tento calcular todos os ângulos de penetração de luz ou projéteis materiais da janela, parecendo raios. O vizinho telefona e avisa a vizinha que de manhã vem em visita.)

Estou perdido e ela ajuda como pode, até chegar o amparo familiar, e consequente transferência à clínica.

BANDA DE REGGAE, FUNCIONÁRIOS E AS PERNAS LINDAS DAQUELA MENINA

(Não foi muito tempo depois, e sim no final daquele mesmo ano que, através do meu primo de terceiro grau, fui tentar assumir mais uma vez o meu lado músico operário, cheio das inseguranças, aceitando a incumbência de ensaiar no bairro do Limão com os músicos de reggae locais, para depois excursionar por Minas, tocando em Pequeri. Fui muito bem-acolhido, compreendido, tinha tudo para estar à vontade e não me desesperar com minha limitação no instrumento. Apenas me sentia na obrigação de fumar maconha mesmo se não quisesse. Não era uma coisa do outro mundo, para quem se vira na obrigação de tomar ácido com os "maus elementos" do Crusp, que por sua vez seguravam a barra de elementos piores, dos que ameaçavam todo o prédio de moradia dos estudantes – ou ao menos eu acreditava nessa teoria. Diferentemente disso em Pequeri, as pessoas sorriam, entusiasmavam-se, eram saudáveis e alegres, e fizemos uma excursão a pé pelos campos, com destino a uma cachoeira que lembrava Mauá.)

Dos tempos em que fiz dezoito anos, quando entrei na faculdade, perdi o irmão (trauma maior), ganhei carro e tive a primeira namorada adulta, foram preservados alguns poemas que ilustram só para mim os sentimentos vividos, como o do "tesão por trepar no verde brilhante da mata à noite", que no fundo eram fantasias da solidão no carro, vagando pela cidade, à procura da musa perdida.

O baixo astral desencadeado com a perda da namorada foi desembocar em precoce "piração" aos vinte anos, a vergonhosa cogitação de suicídio e, antes disso, na perda de controle das emoções e ânimo, no desgaste da força de vontade, no descomando do corpo.

(A figura indócil de um funcionário lembrou a censura e repressão daqueles tempos, lançada maldosamente ao inconsciente.

Os funcionários montaram uma espécie de máfia repressiva aos que não comungassem de sua ideologia — ou supusessem que não —, prejudicando estudantes que muitas vezes nem sabiam o que estava acontecendo, especialmente os que se tentavam enquadrar como pertencentes a uma classe privilegiada não merecedora de qualquer crédito, como se apenas consumissem o trabalho dos outros, sem qualquer esforço.

Foi esse o choque de estagnação que tive logo no começo das aulas de segundo ano na nova faculdade, quando o cruspiano, ex-MR8, preparou o bote, embriagou-me em plena segunda-feira — feiúra — e me fez tomar ácido por volta da meia-noite, ácidos de uma das piores alucinações que já tive, com moscas-átomos na parede... Cheguei a telefonar para minha irmã e para a ex-namorada, em plena madrugada...

Na manhã seguinte, voltando à faculdade, e entusiasmado com a vivência estudantil, realmente, quando vi as pernas de uma linda colega, tive visões psicodélicas, de muitas borboletas à sua volta. Mas estava pirado, engasgando nas palavras, e tendo como confidente justamente um crápula lá do Crusp, mentor de outros ataques. E nesse dia senti o choque repressivo dos funcionários, aquele questionamento sobre a minha presença por lá, sobre o que havia mudado de um ano para aquele, sobre o que o tal burguês fazia de bom, para que ele servia etc.

Armaram-se contra certos alunos porque consideravam a universidade território deles, com suas garantias de estabilidade, sendo os alunos os meros transeuntes, espécie de rebanho, que pela lei do mais forte também concorreriam a uma vaga no emprego público.)

DILÚVIO

  A correria era ocasionada por uma vaga enorme que invadia pela primeira vez a costa leste dos EUA. Não que se mostrasse apenas uma história fictícia mas, pelo sim, pelo não, as pessoas pareciam estar se preparando.
  Sentia isso no apartamento em que ela morava, no bairro de Higienópolis: que era tudo inconsciente, mas as pessoas já previam o futuro, e agiam na função dele.

INSTITUTO "INTERNATÓRIO"

(Naquela copa do mundo, não faria nenhuma farra, não assistiria a nenhum dos jogos se divertindo, não importa. Quatro anos antes fora pior, pois estava em uma clínica. Dessas moderadas, mas...)

Não sabe em qual copa do mundo esteve pior, se na de quatro anos antes ou se naquela. De qualquer jeito, devia estar pior na de quatro ano antes, porque ainda passaria por mais aquela.

Na de quatro anos antes, havia uma guerra, bem próxima...

Na casa em que se hospedava, muitos outros eram abrigados, e havia sido estranha a sua chegada. Sim, porque ninguém atendeu a campainha, nem quando bateu palmas, e o jeito foi entrar por uma janela. Fizeram o maior clima de que ele era um intruso, mas deixou estar.

Depois de conhecer todo mundo, a namorada (que conhecera em Salvador) dormiu por lá uma noite. Ele ficou contente com isso, e também porque alguns amigos jovens apareceram na TV. Ela ainda passou lá toda a manhã seguinte, bordando chinelos para vender.

Foi ficando louco, e pediram que fizesse uma horta. Tudo bem, e começou a fazer a topografia da irrigação, lembrando o tempo todo que o eixo magnético do centro da Terra tinha vindo parar em suas mãos, e vivia aquele sonho, de tangedor de gado, mas havia deixado o eixo horizontalmente exposto no jardim, para que as árvores deliberassem sobre o futuro energético.

(Ok, não está muito claro: é mais ou menos assim...)

Logo que começou a guerra, assistiam a um jogo que se passava no Rio Grande do Sul: ele, um dos hóspedes (que tocava percussão) e seu filho. Era uma TV pequena, em preto e branco, e os fantasmas que apareciam o fizeram achar que coisas anormais estavam acontecendo de fato, e a linha do meio-de-campo teria se transformado em duas, que se movimentavam, e havia outras verticais que seriam de luz em movimento, e apesar disso o jogo continuava e o jogador daquele time desempenhava muito bem... Mas, de repente, pareceu ter havido uma tragédia, como a de um terremoto, abrindo-se rachaduras no gramado, e o gol tombando, pessoas sendo sacrificadas, e aos poucos o jogo voltava a acontecer, como se fosse uma transformação cósmica, e as pessoas tivessem de se acostumar, conviver com aquilo e continuar lutando.

Por outro lado, era Semana Santa. Lia os jornais como se falassem de uma reencarnação de Cristo, e como se interpretassem cada pensamento que houvesse, unificando Astronomia, Espiritualidade e História.

DE ONDE VEIO A LÍNGUA PORTUGUESA

Sinto no vento algumas gotas de chuva. Pelo calor que fazia, a brisa caiu suave. Vieram as festividades, e demorei para saber equilibrar nas minhas carências os diferentes tipos de relação. De pileque, tornei-me impulsivo querendo tomar logo atitudes que passariam em branco, coisas que deixei de dizer e expressariam meus sentimentos a pessoas que mal conhecia. Fui conhecendo. Conheci tanto que era inevitável em qualquer lugar querer saber um pouco de cada pessoa. Consegui ser conhecido de uma menina, e ela passou a gostar mais de mim quando parei de beber.

Cai a chuva agora. Ouve-se do estádio os cantos da torcida, coro de milhares de pessoas. Na apresentação de Chuck Berry, guitarrista e compositor americano, também havia milhares (só que menos), cantando pela paz.

No show eu vi uma amiga e demorei a cumprimentá-la, temendo que minha esposa se enciumasse. Eu não preciso mais disso, de correr atrás. A amiga veio até mim e nos sentimos bem, com poucas palavras.

Engrossa a chuva, e estou sozinho em casa. Amanhã farei trinta e cinco anos. Hoje é dia de descanso. Quando estou mais concentrado, sei que há coerência e pertinência nos meus trabalhos. Preciso entrar em contato com o orientador, dentro de quinze dias.

Passa um pouco de chuva pela janela, sou obrigado a fechá-la para não molhar os livros. Já me vinguei de muitos pertences, danificando-os, mas depois que parei de beber, as coisas melhoraram.

ABELHINHA

Por volta dos vinte e três anos, fantasiei um regresso temporário à casa de meu pai, em busca de fixação na memória de algumas raízes importantes, e afinal, dos tempos mais seguros de preocupações passageiras, pessoais, de uma tradição e casa consolidadas, base de sustentação das ações que tentava. Os tempos eram outros e eu estava mais perdido do que nunca. Só o amor familiar era capaz de dar o perdão necessário para que eu me restabelecesse, mas nem imaginava um caminho: achava que era coisa de inspiração, e menos do que, acho agora, de trabalho.

Deparei com minha infância no momento em que, provavelmente bêbado, cheguei ao portão e pude avistar algo que eu mesmo tinha feito: ao lado de uma colmeia de pequenas abelhas, talvez africanas, um aviso pregado com fita e letras prensadas, de quando eu era menino: "Não Mexa, Não Destrua". Esse aviso já não está mais lá, e nem a colmeia, provavelmente por ter cumprido sua missão de me passar uma mensagem através dos tempos, de como eu era: bom e protetor. Era uma mensagem concisa, de efeito imediato, comunicativa, e por trás dela as informações se sucederam na memória.

Eu ainda convivo com essas abelhas. Mesmo hoje,

enquanto traduzia um texto para expor em aula, uma delas se aproximou e andou sobre meu dedo, mas tive de mostrar-lhe a janela, por onde saiu voando. Histórias que tive com essas abelhas foram inúmeras, mas relato agora apenas duas, em momentos estranhos: nas boemias do primeiro ano de Letras, nas mesas ao ar livre, elas vinham e se comunicavam comigo, adentrando copos de Coca-Cola; uma vez no Sahy, em casa estranha, eu também estava bêbado, com pessoas estranhas, e por isso mesmo me dediquei ao contato: ela passeou por mim um enorme tempo, e assim foram muitas outras vezes, em contatos que se sucedem e formam uma história.

IMAGINO

(... que o ano que vem será dos mais belos da minha vida. Já vou ter aprendido alguma coisa sobre mestrados, estarei mais seguro. Vou pôr em prática os meus planos de cuidar da saúde e do espírito.)

... uma consciência às avessas do papel que foi dado a meu pai, de instabilidade emocional, que o teria afastado dos negócios. Passou a administrar apenas o próprio patrimônio depois que se aposentou prematuramente. Agora, numa ficção, o papel daquele que foi afastado do mercado de trabalho, marginalizado dos jogos de poder, que teve um deslize psíquico e depois passou a ter consciência de uma imperfeição que poderia vir a se acentuar. Ora, o processo de desintegração é o da velhice, e existem processos diferentes de envelhecimento, uns para mais feliz e equilibrado, outros para menos. Não há regra, nem pensamento irreversível.

(Foram sobre temas fortes as conversas que tivemos na volta, mas não é para autoanalisar e fixar-se nos próprios problemas. Como em uma ficção, consegue-se descrever a situação de uma consciência da anormalidade, que seria a consciência de todas as imperfeições do mundo, e da civilização herdada. O processo natural conta com a probabilidade, e o civilizatório é uma imitação dele.)

3º CONTEXTO: EVENTO MAIOR AOS 33 E 1/3

ABERTURA

Eu passaria todas as tardes da minha vida olhando para o mar e acompanhando o movimento das marés, sem que isso desvendasse qualquer segredo.

UMA VOLTA DE VELEIRO

Relembro o leme, a navegação mansa e possível na Bahia, aliás, baía de Angra, onde pude pela primeira vez (quase única) velejar. Um dia nós pulamos ao mar, já no Recôncavo, eu e minha tia Taia. Seria um pulo corriqueiro, não fosse a nossa mobilização: o flagrar dos olhos no momento em que a vela ficou na horizontal. O tempo não era dos melhores, mas mantivemos a calma, até que tudo voltou ao normal.

MEMÓRIA MAIS AMPLA – EU DIRIA

E eram tudo flores sobre o túmulo de meu irmão.

DE UM SONHO À SEPARAÇÃO

(Do sonho em que observava minha irmã a representar-se, como no cinema, acordei pensando na família, sobretudo em meu pai...)
... teve a sina de ver-se afastado da família em que era chefe pela incompatibilidade com todos os outros membros. Protestou, deve ter chorado (eu só lembro da cena inédita em que se sentou ao piano para brincar, sem querer, com notas soltas, desconexas) e forçou a barra para que nada acontecesse. Mas ele estava "por fora".

(Deve ter sido muito doído, principalmente quando tenho esse tipo de sonho com a irmã mais bonita, mas devem-se também pesar os outros lados. Segundo esta irmã...)
... passaram-se sete anos até que minha mãe agilizasse essa saída. Havia uma carga pesada de situação indefinida, e só daí posso tirar alguma justificativa para a relação neurótica que eu tinha com meu irmão.

INTERNAÇÕES

"Prisão de branco", dizia um dos foragidos da polícia quando soube que fiquei internado. A internação em si é só uma exemplificação mais concreta do que passei depois da morte do irmão. Na verdade, as angústias e lerdezas psicológicas eram mais aflitivas do que dizer que "estava tão mal que foi internado". A autodestruição afligia minha mãe, que resolveu me internar. O medo deles era que eu também morresse, e dei corda a esse medo, tomando todas as drogas, correndo de carro, deixando de tomar banho e de me alimentar minimamente bem etc.

Na prisão foi pior, e não costumo contar para as pessoas. Alguma coisa aqui ou lá pode ter tido sua graça, como a resposta que dei a um louco que se dizia o Buda ("então sou o Krisnha"), algumas iluminações flagradas pela negra acompanhante de uma americana alcoolatra, conversas com insetos, mas o processo foi todo absurdo, porque me encabulou ainda mais a pedir emprego, oferecer meu trabalho. Nunca ligo para remuneração, e talvez por isso as pessoas não me levem tão a sério.

Outra coisa me prendeu ao mundo: a música. Ouço como se fosse sagrado o mais simples dos *rocks* que fizeram parte da história da minha adolescência à idade adulta, e sem conseguir ser erudito ou ampliar livremente minha cultura moderna, abro-me emocionado a muitas novidades casuais, do *jazz* ao baião.

Algo da minha dificuldade em me abrir para o novo eu adquiri do comportamento fechado de meu pai, que raramente vê graça em alguma coisa: não acredita na gratuidade da vida, fixado nas superstições que o protegem de perder a identidade. (Com tanto ócio, eu não pude escapar da prática do tabagismo, que me impede às vezes de levar um trabalho até o fim, de ter fôlego em algumas atividades físicas, mas com que me acostumo a conviver para centrar-me nas leituras.)

Com coisas inconciliáveis, como conjunto de *rock* e estudos clássicos, fui criando minha poesia. Quando ela fala de cotidiano, não deixa de embutir lirismo, porque o meu "eu" lírico se incorpora às vezes ao trânsito da cidade.

(Só não vale querer embutir no clássico o imediatismo da língua falada, e isso aprendi aos poucos, como a não querer defender o cigarro para quem não fuma: sou um caso específico.)

A BONITA JOVEM

O que mais me libertou do ciclo das depressões e internações foi o convívio com amigos da banda *Os the pletz*, e outros, que me fizeram sentir verdadeira amizade.

RECEBA MEU AMOR

Há um critério que define o ser vivo como aquele capaz de gerar descendentes semelhantes, mas que não excluiria a reprodução molecular de um cristal. O esotérico imagina a força que condensaria uma bola com tal formação. (Por que o sapatinho de Cinderela não foi também desfeito de encanto à meia-noite?) A bola e seus cortes seriam na teoria do caos uma forma preponderante e originária. O horizonte cósmico, ou óptico, magnético, seria uma bola. É interessante notar que a idade de uma árvore pode ser medida pelo número de círculos de um corte imaginário em seu tronco, pela formação de uma "casca" a cada ano. O desenho disso se assemelha à explicação científica de ano, o círculo descrito pelo planeta em torno do Sol.

ILHA

    Existe um lugar — com que sonhei hoje — que é o mais lindo e calmo. Uma ilha onde o tempo passa vagaroso, e que permeou todos os meus devaneios de adolescência, com a qual faço ciência de mim mesmo a cada vez que vou. Uma ilha linda, onde se tem sol, banho de mar, banho de sol, maré cheia.

    Lá, as frutas dão no pé (e não nas barracas), os pequenos caranguejos (tesourinhas) se escondem nos buracos cavoucados por eles mesmos, e é onde não tenho medo de nada, nem mesmo de ir embora, porque sei o que sempre estará registrado em minha memória, e sempre hei de voltar: o melhor lugar do mundo.

CERTA LUZ

(Com que fulano foi *fflchado* nos corredores da escola.)

Lentamente movíamos de uma parte a outra da cidade. Seus olhos e os meus se aproximavam, e tínhamos de parar em muitas esquinas para que se vissem. E não eram só os olhos que se aproximavam, eram também as mãos, os narizes, as bocas.

Beijei-a como não me lembro de ter beijado outra pessoa. O carro movia-se, lento, às vezes ganhava alguns quilômetros, mas voltávamos a nos beijar.

FICÇÃO: O "ANALISTA"

O que mais há na terra são pessoas, semelhantes estas com o que menos se desprende das rochas, revolve as marés, passando em branco todos os seus anseios.

De manhã, quando o sol bate à janela, sabemos de pronto quanto o mundo é grande, que o tempo é algo concreto e maior que nossas vãs filosofias. É nesta hora que se preparam para viajar os elementos de uma família: o pai, músico de pouca atividade, a mãe, funcionária autônoma de uma loja de confecções, o filho mais velho, adolescente, a filha menor.

O pai, antes que passem em branco os seus encantos, dirige o automóvel, e na travessia da serra exercita sua memória como sempre o faz quando observa a imensa cachoeira do caminho, e a memória diz assim: "Quando eu era jovem, beirando os meus vinte anos, tive uma crise de identidade que se expressava na imagem desta cachoeira que mais tarde reconheci. Vi-a da janela de um avião, dei rasantes para avistá-la melhor, da mesma água que um dia foi congelada alhures, e que aqui volta a correr, lisa".

De dentro da bolsa onde estão esparramados os cigarros, a mãe saca as frutas e as oferece aos filhos, entretidos nos seus pensamentos de sonhos, agora mais puros.

Chegando à pousada, eles logo se divertem entre o tempo de arrumar as coisas e o pulo na água, e mais tarde o casal estará se amando como nunca, pois há tempos não se viam tão ardentes de desejo e podendo saciá-lo.

Neste dia, que o sol brilha e a água do mar lentamente se movimenta, desponta por trás das nuvens um objeto que é mera ilusão óptica, mas que consegue despertar a atenção dos transeuntes menos atentos. Trata-se de fenômeno natural, tão coincidente com a imagem de "Deus" que poderia por si ser fundamento para o aparecimento de nova seita ou superstição.

SYNIA

Das poucas certezas que tenho, a de que as religiões pouco ou nada contribuem para o aperfeiçoamento do modelo humano, esta é a mais convicta. Tempo levou até que a conspiração se firmasse, mas eu não teria a coragem de dizê-la publicamente, pois se chegou até mim, passou por outras almas, e muitas tombaram.

Entre as sabotagens que venho a narrar, talvez a mais séria tenha origem no meu complexo de Édipo. Desatento aos conselhos do pai, sempre procurei intimamente a defesa de minha vaidade. Hoje, de costas para a cidade, revejo o meu comportamento com olhos claros, mas mesmo assim não me incomodo em atirar longe uma bituca de cigarro, para que o mundo exterior se livre dela.

INÍCIO DE NAMORO

    São Paulo é uma cidade confusa, que talvez nem devesse existir. Mas foi aqui, nela, que nasci, e já nem penso em sair. Pelo acaso dos descasos, o seu trânsito desordenado me fez desviar por um caminho — por incrível que pareça, o mais curto — que passa à frente de três casas em que morei. Da primeira, mal me lembro — só por alguns relances da memória de infância —, e por isso mesmo nunca paro para olhar. Antes dela eu passo por outra, a última em que morei das três, no tempo em que acabei o colégio, fiz cursinho e entrei na faculdade. Saí dela sem estar formado, e com um preço a pagar pelo resto da vida: o de ter enlouquecido, sido internado, e ficado à toa por um bom tempo. A última das casas, segunda a morar, preparou esses maus momentos e, embora o início da adolescência tivesse sido feliz, só hoje percebo o quanto era pequeno em perspectivas.
    Hoje me vingo, abusando de felicidade e sabedoria.

Durante o namoro, demorou algum tempo para que minha mulher conhecesse onde eu morava. Passamos de carro em frente à vila e a indiquei com o dedo, mas íamos a uma exposição. Depois de um tempo ela veio, como uma rainha a conhecer seus domínios.
Faríamos um trabalho em homenagem a uma amiga dela, e como espaço usaríamos a minha casa.

É até curioso lembrar do quanto fizemos juntos nos primeiros meses de namoro. Fomos algumas vezes ao Rio, pensando em mudar para lá e começar vida nova. O que mais gostei foi das idas à praia com nossos filhos. Também foi gostoso o fim de semana em uma fazenda, mas eu estava longe do meu filho e impaciente por voltar — embora tenha sido genial o namoro por lá.

(É com a linguagem dos outros que construo a minha. Nesse sentido eu deveria ler Proust, Sartre, Saramago, os que me agradam. Falo da minha namorada, mas quando ela liga, eu nem cito isso. Sinto em silêncio quanto gosto dela, cada vez mais, e ela de mim.
Procuro atividades novas: dança, música. Pintura ainda não.)

À MANEIRA DA FICÇÃO

Não sou grande nem belo. Fogem-lhe as ideias: porque ela anda triste e solitária, talvez lhe faça bem uma carta. Sobre as novidades, há algo que nem precisa ser contado. Desmistifica-se o amor, enquanto é tempo, e sai ganhando. Retorna ao ponto, pede desculpas e vai em frente, sê feliz. Ama.

(Falei para ela uma maldade, talvez para expressar o nervosismo. Isso foi ontem: disse que guardava coisas do tempo da faculdade de arquitetura por causa da superstição de que naquela época eu era mais inteligente. Disse: "Eu nunca tinha passado por um hospício". Sabia que quanto mais olhasse para aquele caderno, engenhosamente fabricado — seguindo a receita da namorada que me abandonou: capa dura de papelão, espiralada nas folhas de papel manteiga —, mais difícil era me desfazer dele.)

Havia projetos engenhosos, frases coloridas, fichamentos de autores marxistas, e declarações. A mais forte: eu dizia o que precisava contar à namorada que me abandonou por uma questão de honestidade. Estava incapaz de abraçá-la, mas sabia o perigo de não fazer isso. Foi justo no momento "x" daquelas histórias que ainda vivo contando. Retirei-o do lixo e senti o drama de jogar fora aquilo, rico material que resgata o passado. Joguei-o novamente, agora por causa das lições aprendidas de falsa telepatia: acho que estou me comunicando com alguém e são os mesmos materiais guardados do meu passado, com suas frases feitas.

(Penso que se pegasse cada coisa e escrevesse sobre ela daria uma pilha de escritos. Já tenho escritos de sobra...)

ROTINA DE UMA CASA

    Não me lembrava de ter passado por um frio tão grande no ano passado. O céu está azul, bate sol em várias partes da casa, mas em algumas horas sinto como se estivesse congelando.

    (À noite, por exemplo, eu não quis continuar o desenho simplesmente porque o frio me incomodava, como se fosse um protesto. Hoje de manhã, não me molhei quase nada no chuveiro, pois a água não estava suficientemente quente.

    Três vezes eu queria estar aqui sem ser incomodado, mas isso é difícil para ela, que sente que precisamos ser mais comunicativos um com o outro, estar a par de todos os assuntos, mas...)

    ... quando a porta é fechada novamente, bate mais o vento frio de que ando me queixando.

FRASES SOLTAS
(somente isto)

Sobre as plantações e casas, voam pássaros de vários tipos.

"Querem mais é levar uma vida sã".

No mar, no belo mar de uma das praias mais belas, bate-me a onda do desejo.

LEITURA DO FILME

(Parando de estudar por hoje, faltando 27 páginas....
Ir ao cinema, modo de descansar, de esquecer as tarefas. Quem sabe encontrar alguém por lá?...)

Se o filme fosse mais curto, ou eu saísse no meio, talvez guardasse melhor sua mensagem. Uma mensagem boa, sem dúvida, de espiritualidade. Sem medo ou arrependimento, fez recordar a *esfera de magia* que cobria as aulas de sânscrito, algo que, como por acaso, por outro maior acaso, pôde-se deixar de lado.
"Os pensamentos são como nuvens que passam no céu, a nossa mente". Os pensamentos se confundem com a alma, pois ambos pertencem à psique. As imagens dos *fenômenos celestes e terrestres* lembravam o sonho, a meditação que consegue distanciar as ideias, ansiedade e sofrimento.
Mas, bem, dobrando a esquina, voltando à realidade, posso ver meu passado. Castigou-me a cena de quando o guru se prepara para a morte, funga uma vez em cada narina, como fiz, e me arrependo, quando aceitei a oferta de uma pequena

cheirada com o "amigo". É como se eu morresse um pouco, como se este que aqui está já fosse o substituto daquele que por desatenção caiu na cilada. Mas vamos contar esta história melhor.

Penso se sou tímido por uma falta de lucidez dos meus pais, pois não perceberam que eu estava ficando tímido, e a timidez é *também uma doença.* Por causa da minha timidez, fui parar em sanatórios, e até hoje corro atrás das coisas que era para ter tirado de letra. Por causa da timidez, aceitei com a maior humildade o convite para pertencer a um grupo de estudos, aula particular e coletiva de francês. A professora era uma letrada...

(Aproveitando a interrupção de um telefonema, retomo os cálculos que fiz sem querer no cinema, lembrando que meu filho nasceu quando eu já estava no último ano da graduação em Sânscrito. *Como tinha acabado de reunir minha poesia dos catorze aos vinte e três anos em forma de livro, a professora de francês me aconselhou ingressar no curso de Letras.* Não acredito que tenha sido com má intenção, para que eu entendesse melhor do assunto, pois a pessoa sempre me tratou bem.

Por outro acaso, quando já estava no terceiro ano, fiz nova amizade com uma mulher. Está aí a questão da timidez. Eu ouvia intensamente as opiniões de mulheres que conversavam comigo, e muitas delas foram boas, ou ao menos definiram os meus passos seguintes. *A colega me disse para complementar o curso com a Língua Portuguesa, e fiz isso. Com esse adendo, foi que pude abandonar os estudos de Sânscrito, partindo para me especializar em Literatura Brasileira.*

Não sei se me arrependo. Sei que os primeiros anos de faculdade foram um enorme tropeço, mas o curso de Sânscrito era uma constância, e foi durante ele que surgiu uma oportunidade incrível de me tornar uma pessoa digna. Mas *a faculdade melhorou muito quando passou a não haver mais créditos para cumprir na minha matéria básica.* Foi quando firmei as melhores amizades, que admiro até hoje.

    Poderia até estar entrando em aspectos importantes, mas não vou prolongar. O filme talvez tenha me despertado a lembrança de conhecer uma profundidade íntima sobre a existência, um possível julgamento moral, uma possível *"compaixão"*, mas que é apenas a bondade que acredito ver no mundo, na natureza, e que com ela tenho conseguido algo...)

PERSONAGEM DE VOLTA ÀS AULAS

Sampa tem umas quinze milhões de pessoas, ou seja, umas oito milhões de mulheres. Digamos que umas quatro milhões de jovens; dois milhões entre quinze e trinta e cinco anos. (Claro que há muitos tipos de cultos e culturas, e por muitos ele não se interessa. Conhece mais ou menos cem mulheres que são realmente bonitas, e dessas, algumas poucas já namorou.)

Muito interessante foi o seu reaparecimento no departamento de Sânscrito, língua morta — mas as línguas vivas, apesar dos nomes que dão, são passageiras e se modificam.

Não esperava que fosse assim tão bem-recebido pela professora de belos joelhos: assistiu à introdução, apenas, e saiu satisfeito.

CONSIDERAÇÃO POÉTICA

Ao ingressar na faculdade de Letras, passou a ter contato com textos antigos e várias coisas lhe chamaram a atenção. Uma delas se refere a diferenças em relação ao mundo de hoje. Nessa comparação, o mundo antigo pareceu-lhe parado. Não à toa, Aristóteles descrevera os seres vivos como imutáveis e, mais do que isso, a Bíblia os descreve, e a todas as outras realidades (acidentes geográficos e cidades, em determinados casos), como criados a um só tempo.

Vieram daí algumas curiosidades. O deus Indra, da Índia antiga, talvez comparável a Apolo, viajava pelos céus numa espécie de charrete (não se lembra se os cavalos eram de fogo). Ora, a charrete era então o máximo em tecnologia de deslocamentos. Como um deus, talvez ele conhecesse o futuro e as novas tecnologias. Porém, na imaginação humana não podia se deslocar em algo muito diferente. E transpondo aos dias de hoje, é como imaginar um deus que se transportasse em um carro veloz a gasolina, ou em helicóptero, ou num jato conversível. Mas esta é uma imagem de difícil assimilação (pois, como um deus, ele não precisaria de meios de transporte).

COMEÇO DO ECLIPSE

(Quanto mais crescem, mais as pessoas assumem uma cara própria, que não tem a ver com o pai nem com a mãe.)

O dia estava menos claro, como em fim de tarde, e até fiz a metáfora: minha crise aos vinte anos foi como se diminuísse a luz da minha vida, num eclipse parcial, só que a volta do Sol passou a depender mais de mim do que de outra coisa. Ou não.

O eclipse é a sombra que a Lua faz na Terra quando está na frente do Sol. Ela inteira é do tamanho do estado de Sergipe. Como palavra, lembra elipse.

CERTO VERÃO

A descrição de paisagem é sutil e pessoal. Cada autor se tenta inúmeras vezes quando precisa soltar as palavras, a começar pela descrição de uma paisagem que é a mais viva e variada que se tem no Brasil, se for este o caso. Mas quase sempre nos limitamos ao aspecto físico, por ser o que nos diz mais. É que a natureza se apresenta mais estável, principalmente no caso deste meu microrrepertório. E não faço tanta questão de conhecer outros territórios, sem ter ainda atingido o grau ideal de proveito daqueles a que vou.

Se fosse começar por São Paulo, citaria Décio Pignatari: "O lugar onde nasci nasceu-me". Esta rua em frente à minha janela já foi passagem de carros de boi, de caça dos índios (nos dois sentidos), de antigos dinossauros (sem que "onde se lê, leia-se") e de pura lava incandescente.

Não que as questões sociais não me interessem (nem que ao dizer que a janela é minha defenda o direito à propriedade). É que se o lugar fosse outro, o de fato escolhido para melhor desvendar, não se esgotaria em cada pedra e grão de areia, em cada tipo de siri, para poder chegar à sociedade humana com conceitos abrangentes (quase sempre teóricos) que respondam a formulações ideológicas.

(Mas isso não impede que eu venha a inserir personagens simples — o que quer dizer isso? — e afetuosas. A convivência que pretendo ter não ultrapassa em muito os pescadores e trabalhadores braçais dos mais abastados — num dos sentidos. É claro que os familiares são bem-vindos, como todas as relações de amor e amizade. Mas na essência estará a minha voz ao vento, acompanhada de violão. Que isso não exclua ninguém, principalmente porque as pessoas tranquilas se expõem mais ao momento.)

NOVA REFLEXÃO

 Verifica-se cada vez mais interessante essa questão do tempo. Tudo vai virando passado, e escrever é uma forma de atentar sobre isso. Ao reler esta frase, algum dia, já terei vivido muitas outras coisas. A passagem do tempo, eu me lembro, era a questão que mais se sobressaía na infância e adolescência.

© 2017, Filipe Moreau
Todos os direitos reservados a Laranja Original
Editora e Produtora Ltda.

www.laranjaoriginal.com.br

EDIÇÃO
Clara Baccarin

REVISÃO
Maria Eugênia Régis

CAPA E PROJETO GRÁFICO
Tábata Gerbasi

PRODUÇÃO EXECUTIVA
Gabriel Mayor

FOTO CAPA
Nino Andres

Dados Internacionais de Catalogação na Publicação (CIP)
(Câmara Brasileira do Livro, SP, Brasil)

Moreau, Filipe
A origem do amor / Filipe Moreau. -- 1. ed. --
São Paulo : Laranja Original, 2017.

1. Contos brasileiros 2. Crônicas brasileiras
3. Poesia brasileira I. Título.
17-08003   CDD-869

Índices para catálogo sistemático:
1. Crônicas: Literatura brasileira 869.8
2. Poesia: Literatura brasileira 869.1

fontes ALEO e YANONE KAFFEESATZ
papel PÓLEN BOLD 90g/m²
impressão FORMA CERTA